논·술·한·국·대·표·문·학

52

발가락이 닮았다

김동인

김연실전·광염 소나타·눈을 겨우 뜰 때

H 훈민출판사

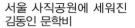
서울 사직공원에 세워진
김동인 문학비

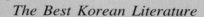
The Best Korean Literature

김동인의 문학은 1919년 자비로 출판한 동인지 《창조》에 〈약한 자의 슬픔〉을 발표하면서 시작되었다. 그는 이광수의 계몽주의적 경향에서 벗어나 탐미적이며 자연주의적인 자신만의 문학 세계를 추구했다. (사진은 《창조》 창간호에 실린 청년 김동인의 모습)

평양 시내 전경. 평양은 김동인이 태어난 고향이자 많은 작품의 배경이 되기도 했던 곳으로, 역사와 아름다움을 자랑하는 유서 깊은 고장이다.

작품 활동이 가장 왕성했던 33세 무렵의 김동인. 김동인이 1925년에 발표한 〈감자〉는 잘 짜여진 구성과 적절한 구어체의 사용으로 한국 근대 단편 소설의 백미로 꼽히고 있다.

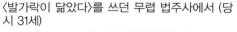

〈발가락이 닮았다〉를 쓰던 무렵 법주사에서 (당시 31세)

여행을 떠나기 위해 플랫폼에서 기차를 기다리는 김동인(1939년)

김동인의 초상화

1945년 부여 고란사에서 화가 이승만과 함께. 이승만은 김동인의 신문 연재소설의 삽화를 자주 그렸다.

부인 김경애 여사와
장남 광명 씨

The Best Korean Literature

경기도 원성군 문막면 경희공원 묘지에서의 묘비 제막식(1986년)

김동인의 친필을 새긴 비석. 경기도
문막의 김동인 묘비 옆에 나란히 세
워져 있다.

구인환(丘仁煥)

서울대학교 사범대학 졸업. 동 대학원 졸업(문학박사)
서울대학교 명예교수, 소설가(현). 서울대학교 사범대학 국어교육연구소 소장(현)
문학과문학교육연구소 소장(현). 국제펜 한국본부 부회장(현)
한국소설문학상(1987) 예술문화대상(1994) 한국문학상(2000)
작품 〈숨쉬는 영정〉, 〈살아 있는 날들〉, 〈일어서는 산〉 외 다수

• 저서 《한국단편소설의 이해》, 《한국현대소설의 비평적 성찰》,
　　　《고교생이 알아야 할 소설》, 《고교생이 알아야 할 세계단편소설》 외 다수

윤병로(尹柄魯)

성균관대학교 국어국문학과 졸업. 동 대학원 졸업(문학박사)
성균관대학교 교수, 문학평론가(현). 한국현대소설학회장(현)
한국문예학술저작권협회 이사(현). 한국간행물윤리위원회 위원(현)
한국펜 문학상(1987). 한국문학상(1988). 대한민국문학상(1989)
수필집 《나의 작은 애인들》

• 저서 《현대 작가론》, 《한국 현대 소설의 탐구》,
　　　《한국　근대 작가 작품 연구》, 《한국 현대작가의 문제작 평설》 외 다수

홍성암(洪性岩)

고려대학교 국어국문학과 졸업. 한양대학교 대학원 국어국문학과 졸업(문학박사)
동덕여자대학교 교수, 소설가(현). 한국문인협회 회원(현)
한국소설가협회 이사(현). 국제펜 한국본부 소설분과 이사(현). 한민족 문화학회 회장(현)
창작집 《큰 물로 가는 큰 고기》, 《어떤 귀향》 외
대하역사소설 《남한산성》(전9권) 외 다수

• 저서 《문학의 이해》, 《현대 작가론》, 《한국 근대 역사소설 연구》 외 다수

기
획
·
감
수

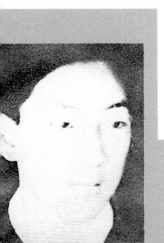

동경 가와바타 미술학교에서 유학하던 무렵의 김동
인(1918년)

논술 한국대표문학을 펴내며

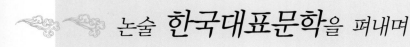

　21세기의 사회는 '전자 문명 시대'라 일컬어질 만큼 오늘날 전자 산업은 우리 생활의 거의 모든 분야에 다양하게 응용되고 있습니다. 출판 분야 또한 예외는 아니어서, 종래의 서책(Book) 대신에 이른바 '전자책(CD-ROM)'의 출간이 최근 들어 날로 증가하고 있습니다.

　그러나 이러한 전자책은 영상 또는 모니터상으로 흥미 위주나 백과사전식 지식을 습득하는 데는 효과적일지 모르지만, 문학 공부를 위해서는 별로 도움이 되지 않습니다. 바꾸어 말하면, 문학 공부는 각 지면마다 살아 숨쉬는 표현 하나하나를 독자 자신의 머리로 음미하면서 작품을 읽어 나가는 가운데, 풍부한 상상력의 배양과 함께 작가의 의도와 그 작품의 내면을 깊이 있게 이해함으로써 이루어지는 것입니다.

　이에 훈민출판사에서는, 자라나는 학생들이 범람하는 영상 매체에 길들여지기 전에, 어려서부터 유명한 세계문학 작품들을 책자를 통하여 감명 깊게 읽고 감상함으로써, 올바른 문학 공부의 기틀을 다지고, 아울러 전인 교육도 할 수 있도록 《논술 한국대표문학(전60권)》을 펴내게 되었습니다.

　작품 선정은, 초·중·고등학교 국어 교과서와 역사 교과서에 실리거나 소개된 문학 작품을 중심으로 하되, 그리스 신화와 성경 이야기 등의 고전에서부터 중세·근대·현대에 이르기까지 세르반테스·셰익스피어·톨스토이 등 세계 유명 작가들의 장·단편 소설들을 엄선·수록하였습니다. 또 세계의 명시도 별권으로 엮었으며, 특히 각 단락마다 '논술 문제'를 제시하여, 장차 대학입시를 비롯한 각종 '논술 고사'에 예비 지식을 쌓을 수 있도록 배려하였습니다. 아무쪼록, 이 《논술 한국대표문학(전60권)》이 자라나는 학생들에게 문학 공부의 주춧돌이 되고, 나아가 미래를 살아가는 데 **정신적 자양분**이 되기를 진심으로 바라 마지않습니다.

훈민출판사

차례

김동인

발가락이 닮았다
김연실전
광염 소나타
눈을 겨우 뜰 때

지은이

1900~1951년. 평양 출생. 호는 금동 또는 춘사. 1919년에 주요한, 전영택 등과 동인지 ≪창조≫를 창간하고, 〈약한 자의 슬픔〉, 〈배따라기〉 등을 발표했다. 서구의 문예 사조가 한꺼번에 유입된 시기에 문학 활동을 시작해서 자연주의, 낭만주의 등 다채로운 문학 경향을 보였다. 〈감자〉, 〈김연실전〉, 〈광염 소나타〉, 〈발가락이 닮았다〉, 〈광화사〉 등의 작품이 있다.

발가락이 닮았다

　노총각 M이 혼약을 하였다.

　우리들은 이 소식을 들을 때에 뜻하지 않고 서로 얼굴을 마주 보았습니다.

　M은 서른두 살이었습니다. 세태가 갑자기 변하면서 혹은 경제 문제 때문에, 혹은 적당한 배우자가 발견되지 않기 때문에, 혹은 단지 조혼이라 하는 데 대한 반항심 때문에 늦도록 총각으로 지내는 사람이 많아 가기는 하지만, 서른두 살의 총각은 아무리 생각하여도 좀 너무 늦은 감이 없지 않았습니다. 그래서 그의 친구들은 여태껏 기회가 있을 때마다 그에게 채근 비슷이 결혼에 대한 주의를 하곤 하였습니다. 그러나 M은 언제나 그런 의논을 받을 때마다(속으로 매우 흥미를 가진 것이 분명한데) 겉으로는 고소로써 친구들의 말을 거절하곤 하였습니다. 그러던 M이 우리의 모르는 틈에 어느덧 혼약을 한 것이외다.

　M은 가난하였습니다. 매우 불안정한 어떤 회사의 월급쟁이였습니다. 이 뿌리 약한 그의 경제 상태가 그로 하여금 늦도록 총각으로 지내게 한 듯도 합니다. 그리고 이 때문에 친구들은 M의 총각 생활을 애석히 생각하여 장가들기를 권하는 것이었습니다.

　그러나 나뿐은 M이 장가를 가지 않는 데 다른 종류의 해석을 내리고 있었습니다. 의사라는 나의 직업이 발견한 M의 육체적인 결함──이것 때문에 M은 서른이 넘도록 총각으로 지낸다, 나는 이렇게 믿고 있었습니다.

M은 학생 시대부터 대단한 방탕 생활을 하였습니다. 방탕이래야 금전상의 여유가 부족한 그는, 가장 하류에 속하는 방탕을 하였습니다. 오십 전 혹은 일 원만 생기면 즉시로 우동집이나 유곽으로 달려가던 그였습니다. 체질상 성욕이 강한 그는, 그 불붙는 성욕을 끄기 위하여 눈앞에 닥치는 기회는 한 번도 놓치지 않았습니다. 친구들을 만날지라도, 음식 한턱하라기보다 유곽을 한턱 하라는 그였습니다.

"질로는 모르지만, 양으로는 세계의 누구에게든 그다지 지지 않을 테다."

관계한 여인의 수효에 대하여 이렇게 방언하기를 주저치 않으리만큼, 그는 선택이라는 도정을 밟지 않고 집어세었습니다. 스물서너 살에 벌써 이백 명은 넘으리라는 것을 발표하였습니다. 서른 살 때는 벌써 괴승 신돈이를 멀리 눈 아래로 굽어보았을 것입니다. 그런지라 온갖 성병을 경험하지 못한 것이 없었습니다. 더구나 술이 억배요, 그 위에 유달리 성욕이 강한 그는, 성병에 걸린 동안도 결코 삼가지를 않았습니다. 일 년 삼백육십여 일 그에게서 성병이 떠나 본 적이 없었습니다. 늘 농이 흐르고, 한 달 건너쯤 고환염으로써 걸음걸이도 거북스러운 꼴을 하여 가지고 나한테 주사를 맞으러 오곤 하였습니다. 그러는 동안에도, 오십 전 혹은 일 원만 생기면, 또한 성행위를 합니다. 이런지라 물론 그는 생식 능력이 없어진 사람이었습니다.

이 일을 잘 아는 나는, M이 결혼을 안하는 이유를 여기다가 연결시켜 가지고, 그의 도덕심(?)에 동정까지 하고 있었습니다. 일생을 빈곤한 가운데서 보내고 늙은 뒤에도 슬하도 없이 쓸쓸하게 지낼 그, 더구나 자기를 봉양할 슬하가 없기 때문에, 백발이 되도록 제 손으로 이 고해를 헤엄치어 나갈 그는, 과연 한 가련한 존재이었습니다.

이렇던 M이 어느덧 우리의 모르는 틈에 우물쭈물 혼약을 한 것이외다.

하기는 며칠 전에 이런 일이 있었습니다. 그 날 저녁을 먹은 뒤에, 혼자서 신간 치료보고서를 읽고 있을 때 M이 찾아왔습니다. 그리고 비교적 어두운 얼굴로써, 내가 묻는 이야기에도 그다지 시원치 않은 듯이 입술엣대답을 억지로 하고 있다가, 이런 질문을 나에게 던졌습니다.

"남자가 매독을 앓으면 생식을 못 하나?"

"괜찮겠지."

"임질은?"

"글쎄, 고환을 오카사레루하지(병균이 침범하지) 않으면 괜찮어."

"고환은…… 내 친구 가운데 고환염을 앓은 사람이 있는데, 인제는 생식을 못 하겠다고 비관이 여간이 아니야. 고환은 '오카사레루' 하면 절대 불가능한가. 양쪽 다 앓았다는데……."

"그것도 경하게 앓았으면 영향 없겠지."

"가령 그 경하다 치면…… 내가 앓는 게 그게 경한 편일까, 중한 편일까?"

나는 뜻하지 않고 그의 얼굴을 보았습니다. 중하다기도 그만큼 중하게 앓은 뒤에, 지금 그게 경한 게냐 중한 게냐 묻는 것이, 농담으로밖에는 들리지 않았으므로…… M의 얼굴은 역시 무겁고 어두웠습니다. 무슨 중대한 선고를 기다리는 사람과 같이, 눈을 푹 내리뜨고 나의 대답을 기다리고 있었습니다. 잠시 그의 얼굴을 바라본 뒤에, 나는 어이가 없어서,

"아주 경한 편이지."

이렇게 대답해 버렸습니다.

"경한 편?"

"그럼."

이리하여 작별을 하였는데, 지금에 이르러 생각하면 그 저녁의 그 문답이 오늘날의 그의 혼약을 이루게 하지 않았는가 합니다.

M이 혼약을 하였다는 기보를 가지고 온 것은 T라는 친구였습니다. 그때는 마침 (다 M을 아는) 친구가 너덧 사람 모여 있을 때였습니다.

"골동······ 국보 하나 없어졌다."

누가 이런 비평을 가하였습니다. 나는 T에게 이렇게 물었습니다.

"그래 연애로 혼약이 된 셈인가요?"

"연애? 연애가 다 무에요. 갈보, 나까이(요릿집 등의 접대부)밖에는 여자라는 걸 모르는 녀석이, 어디서 연애의 대상을 구하겠소?"

"그럼 지참금이라도 있답니까?"

"지참금이란 뉘 집 애 이름이오?"

나는 여기서 이 혼약에 대하여 가장 불쾌한 면을 보았습니다. 삼십이 넘도록 총각으로 지낸 그로서 연애라 하는 기묘한 정사 때문에 그 절을 굽혔다면 그것은 도리어 축하할 일이지 책할 일이 아니외다. 지참금을 바라고 혼약을 하였다 하여도, 지금의 세상에 살아가는 우리로서(더구나 그의 빈곤을 잘 아는 처지인지라) 크게 욕할 수가 없는 일이외다. 그러나 연애도 아니요, 금전 문제도 아닌 이 혼약에서는, 가장 불유쾌한 한 가지의 결론밖에는 얻을 수가 없습니다.

"그럼······."

나는 가장 불유쾌한 어조로 이렇게 말하였습니다.

"유곽에 다닐 비용을 경제하기 위하여 마누라를 얻은 셈이로구려."

이 혹평에 대하여 T는 마땅치 않다는 듯이 나를 보았습니다.

"그렇게 혹언할 것도 아니겠지요. M도 벌써 서른두 살이라든가, 세 살이라든가, 좌우간 그만하면 차차로 자식도 무릎에 앉혀 보고 싶을 게고, 그렇다고 마땅한 마누라를 선택할 길이나 방법은 없고……."

"자식? 고환염을 그만침이나 심히 앓은 녀석에게 자식? 자식은……."

불쾌하기 때문에 경솔히도 직업적 비밀을 입 밖에 낸 나는, 하던 말을 중도에 끊어 버렸습니다. 그러나 이미 한 말까지는 삼킬 수가 없었습니다.

"네? 그게 무슨 말씀이오?"

M의 생식 능력에 대하여 사면에서 질문이 들어왔습니다. 이미 한 말에 대하여 책임을 지지 않을 수 없는 나는, 그 말을 돌려 꾸미기에 한참 애를 썼습니다.——단언할 수는 없지만 혹은 M은 생식 능력이 없을지도 모른다. 그러나 진찰을 안해 본 바이니까, 혹은 또한 생식 능력이 있을지도 모른다. M이 너무도 싱거운 혼약을 한 데 대하여 불유쾌하여, 그런 혹언은 하였지만 말은 취소한다. 이러한 뜻으로 꾸며 대었습니다. 그리고 그 좌석에 있던 스무 살쯤 난 젊은이가,

"외려 일생을 자식 없이 지내면 편치 않아요?"

이러한 의견을 내는 데 대하여 '젊은이로서는 도저히 이해할 수 없는 혈속의 애정' 이라는 문제와, 그 문제를 너무도 무시하는 이즈음의 풍조에 대한 논평으로 말머리를 돌려 버리고 말았습니다.

M은 몰래 결혼식까지 하였습니다. 그의 친구들로서 M의 결혼식의 날짜를 미리 안 사람은 한 사람도 없었습니다. 뿐만 아니라, 지금 모두들 제각기 하는 소위 신식 혼례식을 하지 않고, 제 집에서 구식으로 하였답니다. 모 여고보 출신인 신부는 구식 결혼이 싫다고 하였지만, M이 억지로 한 것이라 합니다.

이리하여 유곽에서는 한 부지런한 손님을 잃어버렸습니다.

"독점이라 하는 건 참 유쾌하거든."

결혼한 뒤에 M은 어떤 친구에게 이런 말을 하였다 합니다. 비록 연애로써 성립된 결혼은 아니지만, 그다지 실패의 결혼은 아닌 듯하였습니다. 오십 전 혹은 일 원의 돈을 내어던지고 순간적 성욕의 만족을 사던 이 노총각이, 꿈에도 생각지 못할 독점을 하였으매, 그의 긍지가 적지 않았을 것이외다. 연애 결혼은 아니었지만 결혼한 후에 연애가 생긴 듯하였습니다. 언제든 음침한 기분이 떠돌던 그의 얼굴이, 그럴싸해서 그런지 좀 밝아진 듯하였습니다.

"복 받거라."

우리들——더구나 나는 그들의 결혼을 심축하였습니다. 처음에는 한낱 M의 성행위의 기구로 M과 결합케 된 커다란 희생물인 그의 젊은 아내를 위하여, 이것이 행복된 결혼이 되기를 축수하였습니다. 동기는 여하컨 결과에 있어서 아름다운 열매를 맺어라. 너의 젊은 아내로서, 한 개 희생물이 되지 않게 하여라. 어머니로서 즐거움을 맛볼 기회가 없는 너의 아내에게, 그 대신 아내로서는 남에게 곱되는 즐거움을 맛보게 하여라. M의 일을 생각할 때마다 진심으로 이렇게 축수하였습니다.

신혼의 며칠이 지난 뒤부터는, M이 자기의 젊은 아내를 학대한다는 소문이 조금씩 들렸습니다. 완력을 사용한다는 말까지 조금씩 들렸습니다. 그러나 나는 이 문제는 그다지 크게 생각지 않았습니다. 이런 소문이 귀에 들어올 때마다, 나는 〈아라비안 나이트〉의 마(불행을 가져오는 신)신의 이야기를 머릿속에서 되풀이하여 보곤 하였습니다.

어떤 어부가 그물질을 하고 있었습니다. 그런데 한 번 그물을 끌어 올리니까 거기는 고기는 없고, 그 대신 병이 하나 걸려 있었습니다. 병은 마개가 닫혀 있고, 그 위에 납으로 굳게 봉함까지 되어 있었습니다. 어부는 잠시 주저한 뒤에 병의 봉함을 뜯고 마개를 뽑아 보았습니다. 그런즉, 병

에서는 한 줄기 검은 연기가 하늘로 올라갔습니다. 그리고 하늘로 올라간 그 연기는 차차 뭉쳐서 거기는 커다란 마신이 나타났습니다.

"나를 이 병 속에 감금한 것은 선지자 솔로몬이다. 이 병 속에 갇혀 있는 동안 나는 스스로 맹세하였다. 백 년 안에 나를 구해 주는 사람이 있으면, 그 사람에게 거대한 부를 주겠다고. 그리고 백 년을 기다렸지만 아무도 나를 구해 주는 사람이 없었다. 그래서 나는 다시 맹세했다. 이제 다시 백 년 안으로 나를 구해 주는 사람이 있으면, 나는 그 사람에게 이 세상에 있는 보배를 다 주겠다고. 그리고 헛되이 백 년을 더 기다린 뒤에 백 년을 더 연기해서 그 백 년 안에 나를 구해 주는 사람이 있으면, 그 사람에게 이 세상에서 가장 큰 권세와 영화를 주겠다고.──그러나 그 백 년이 다 지나도 역시 구해 주는 사람이 없었다. 그래서 나는 마지막으로 다시 맹세했다. 인제 누구든지 나

를 구해 주는 놈이 있거든 당장에 그놈을 죽여서 그새 갇혀 있던 그 분풀이를 하겠다고."

이것이 병 속에서 나온 마신의 이야기였습니다. M이 자기의 젊은 아내를 학대한다는 소문이 들릴 때에, 나는 이 이야기를 생각지 않을 수가 없었습니다. 삼십이 지나도록 총각으로 지낸 그 고통과 고적함에 대한 분풀이를, 제 아내에게 하는 것이라 했습니다. 그리고 실컷 학대하라, 실컷 학대하라, 더욱 축수하였습니다.

M이 결혼한 지 이 년이 거의 된 어떤 날 저녁이었습니다. 그와 나는 어떤 곳에서 저녁을 같이하고 있었습니다.
그의 얼굴은 이 날 유난히 어둡고 무거웠습니다. 그는 음식에는 거의 손을 대지 않고 술만 들이켜고 있었습니다. 본시 말이 많지 않은 그가 이날은 더욱 입이 무거웠습니다.

몹시 취하여 더 술을 먹지 못하리만큼 되어서 그는 처음으로, 자발적으로 입을 열었습니다. 충혈이 된 그의 눈은 무시무시하게 번득였습니다.

"여보게 여보게, 속이지 말구 진정으로 말해 주게. 내게 생식 능력이 있겠나?"

"글쎄. 검사를 해 보아야지."

나는 이만큼 하여 넘기려 하였습니다.

"그럼 한번 진찰해 주게."

"왜 갑자기……?"

그는 곧 대답하려 하였습니다. 그러나 나오려던 말을 삼켰습니다. 그리고 다시 술을 한 잔 먹은 뒤에, 눈을 푹 내리뜨며 말했습니다.

"아니, 다른 게 아니라, 내게 만약 생식 능력이 없다면 저 사람(자기의 아내)이 불쌍하지 않나. 그래서 없는 게 판명되면, 아직 젊었을 때에 헤져서 저 사람이 제 운명을 다시 개척할 때를 줘야지 않겠나? 그래서 말일세."

"진찰해 보아야지."

"그럼 언제 해 보세."

그 며칠 뒤에 나는 M의 아내가 임신했다는 소문을 듣고 깜짝 놀랐습니다. 검사해 볼 필요도 없습니다. M은 그 능력이 없을 것입니다. 그런데 M의 아내는 임신했습니다.

그리고 며칠 전에 M이 검사하겠다던 마음을 짐작했습니다. 그것은 결코 그 날의 제 말마따나 '아내의 장래를 위하여' 하려는 것이 아니고, 아내에게 대한 의혹 때문에 하여 보려는 것일 것이외다. 자기도 온전히 모르는 바는 아니로되, 십중팔구는 자기는 생식 불능자일 텐데 자기의 아내는 임신을 한 것이외다.

생각하면 재미있는 연극이외다. 생식 능력이 없는 M은 그런 기색도 뵈지 않고 결혼을 하였습니다. 그리하여 M에게로 시집을 온 새 아내는 임신을 하였습니다. 제 남편이 생식 불능자인 줄 모르는 아내는 뻐젓이 자기의 가진 죄의 씨를 M에게 자랑을 하고 있을 것이외다. 일찍이 자기가 생식 불능자인지도 모르겠다는 점을 밝혀 주지 않은 M은 지금 이 의혹의 구렁이에서도 제 아내를 책할 권리가 없을 것이외다. 그가 검사를 하겠다 하나, 검사를 하여서 자기가 불구자인 것이 판명된 뒤에는 어떤 수단을 취할는지 짐작도 할 수가 없습니다. 아내의 음행을 책하자면 자기의 사기적 행위를 폭로시키지 않을 수가 없을 것이외다. 그것을 감추자면 제 번민만 더욱 크게 할 것이외다.

어떤 날 그는 검사를 하자고 왔습니다. 그 때 마침 환자가 몇 사람 밀려 있던 관계상, 나는 그를 내 사실에 가서 좀 기다리라 하고, 환자 처리를 다 하고 내려갔습니다. 그랬더니 그는 나를 기다리지 않고 돌아가 버렸습니다.

이튿날 그는 다시 왔습니다. 그러나 그는 또 돌아가 버렸습니다.

나도 사실 어찌하여야 할지 똑똑히 마음을 작정치 못했던 것이외다. 검사한 뒤에 당연히 사멸해 있을 생식 능력을, 살아 있다고 하자니, 그것은 나의 과학적 양심이 허락지 않는 바외다. 그러나 또한 사멸하였다고 하자니, 이것은 한 사람의 일생을 망쳐 버리는 무서운 선고와 다름없습니다. M이라 하는 정당한 남편을 두고도 불의의 쾌락을 취하는 M의 아내는 분명히 책받을 여인이겠지요. 그러나 또한 다른 편으로 이 사건을 관찰할 때에, 내가 눈을 꾹 감고 그릇된 검안을 내린다면 그로 인하여 절대로 불가능하던 M이 슬하에 사랑스런 자식(?)을 두고 거기서 노후의 위안도 얻을 수 있을 것이요, 만사가 원만히 해결될 것이외다.

내가 자유로 선택할 수 있는 두 가지의 갈랫길에 서서, 나는 어느 편 길을 취하여야 할지 판단을 주저하고 있었습니다.

이 문제가 사오 일 뒤에 저절로 해결이 되었습니다. 그 날도 역시 침울한 얼굴로 찾아온 M에게 대하여 나는 의리상,

"오늘 검사해 보자나?"

하니깐 그는 간단히 대답하였습니다.

"벌써 했네."

"응? 어디서?"

"P병원에서."

"그래서 그 결과는?"

"살았다데."

"?"

나는 뜻하지 않고 그의 얼굴을 보았습니다. 그것은 의외의 대답을 들은 때문이라기보다 오히려 '살았다데' 하는 그의 음성이 너무 침통하기 때문에……

"그럼 안심이겠네."

이렇게 대답하는 동안 나는 내가 하마터면 질 뻔한 괴로운 임무에서 벗어난 안심을 느끼는 동시에, P병원에서의 검안의 의외에, 눈을 크게 뜨지 않을 수가 없었습니다.

내 눈을 만난 M의 눈은 낭패한 듯이 이리저리 돌아다녔습니다. 그리고 나는 그 눈으로 그가 방금 한 말이 거짓말이었음을 알았습니다.

그럼 그는 왜 거짓말을 하였나. 자기의 아내의 명예를 보호하기 위하여? 세상과 제 마음을 속여 가면서도 자식을 슬하에 두어 보기 위하여? 나는 그의 마음을 알 수가 없었습니다.

그가 입을 열었습니다. 무겁고 침울한 음성이었습니다.

"여보게, 자네 이런 기모치(기분) 알겠나?"

"어떤?"

그는 잠시 쉬어서 말을 시작했습니다.

"월급쟁이가 월급을 받았네. 받은 즉시로 나와서 먹고, 쓰고, 사고, 실컷 마음대로 돈을 썼네. 막상 집으로 돌아가는 길일세. 지갑 속에 돈이 몇 푼 안 남아 있을 것은 분명해. 그렇지만 지갑을 못 열어 봐. 열어 보기 전에는 아직은 꽤 많이 남아 있겠거니 하는 요행심도 붙일 수 있겠지만, 급기 열어 보면 몇 푼 안 남은 게 사실로 나타나지 않겠나? 그게 무서워서 아직 있거니, 스스로 속이네그려. 쌀도 사야지, 나무도 사야지, 열어 보면 그걸 살 돈이 없는 게 사실로 나타날 테란 말이지. 그래서 할 수 있는 대로 지갑에서 손을 멀리하고 제 집으로 돌아오네. 그 기모치 알겠나?"

나는 머리를 끄덕이었습니다.

"알겠네."

그는 다시 입을 봉하였습니다. 그러나 그 때에 나는 알았습니다. M은 검사도 하여 보지 않은 것이외다. 그는 무서워합니다. 그는 검사를 피합니다. 자기의 아내가 임신을 하였습니다. 그것은 상식으로 판단하여 물론 남편의 아이일 것이외다. 거기 대하여 의심을 품을 자는 하나도 없을 것이외다. 의심을 품을 필요도 없는 것이외다. 왜? 여인이 남편을 맞으면 원칙상 임신을 하는 것이 당연한 일이니깐.

이 의심할 필요가 없는 일을 의심하다가 향그럽지 못한 결과가 나타나면 이것은 자작지얼로서 원망을 할 곳이 없을 것이외다. 벌의 둥지를 건드리는 것은 어리석은 것이외다. 십중팔구는 향그럽지 못한 결과가 나타날 검사를 M은 회피한 것이외다. 절망을 스스로 사지 않으려…… 그리고 번민 가운데서도 끝끝내 일루의 희망을 붙여 두려, M은 온전히 검사라는 위험한 벌의 둥지를 건드리지 않기로 한 것이외다. 그리고 상식으로 판단할 수 있는(제 아내의 뱃속에 있는) 자식에게 대하여 억지로 애정을 가져 보려 결심한 것이외다. 검사를 하여서 정충이 살아 있다면 다행한 일이지만, 사멸하였다면 시재(지금) 제 아내와의 새에 생길 비극과 분노와 절망은 둘째 두고라도, 일생을 슬하에 혈육이 없이 보내고, 노후에 의탁할 곳을 가질 가능성조차 없는 절망의 지위에 빠지지 않을 수가 없을 것이외다.

이것은 무서운 일이외다. 상식으로 판단할 수 있는 일을 거부하고까지 이런 모험 행위를 할 필요가 없을 것이외다.

이리하여 그는 검사는 단념했지만, 마음에 있는 의혹만은 온전히 끄지를 못한 모양이었습니다. 그 뒤 어떤 날, 그는 이런 이야기 저런 이야기를 하다가 이런 말을 했습니다.

"자식은 꼭 제 애비를 닮는다면 좋겠구먼……."

거기 대하여 나는 닮은 예를 여러 가지로 들어서 말하여 주었습니다. 그는 한숨을 쉬었습니다.

"여인이 애를 배면 걱정일 테야. 아버지나 친할아비를 닮는다면 문제가 없겠지만, 외편을 닮거나 그렇지 않으면, 아무도 닮지 않으면 걱정이 아니겠나. 그저 애비를 닮아야 제일이야, 하하하……."

나는 대답하였습니다.

"글쎄 말이지. 내 전문이 아니니깐 이름은 기억 못 하지만, 독일 소설에 이런 게 있지 않나. 〈아버지〉라나 하는 희곡 말일세. 자식을 낳았는데 제 자식인지 아닌지 몰라서 번민하는 그런 이야기가 있지? 그것도 아버지만 닮으면 문제가 없겠지."

"아아. 아, 다 구찮어."

M의 아내가 아들을 낳았습니다.

그 아이가 반 년쯤 자랐습니다.

어떤 날 M은 그 아이를 몸소 안고, 병을 뵈러 나한테 왔습니다. 기관지가 조금 상하였습니다. 약을 받아 가지고도 그냥 좀 앉아 있던 M은 묻지도 않는 말을, 이런 말을 하였습니다.

"이놈이 꼭 제 증조부님을 닮았거든."

"그래?"

나는 그의 말에 적지 않은 흥미를 느끼면서 이렇게 응했습니다. 내 눈으로 보자면 그 어린애와 M과는 아무런 관계도 없는 바인데, 그 애가 M의 할아버지를 닮았다는 것은 기이하므로──어린애의 친편과 외편의 근친에서 아무도 비슷한 사람을 찾아내지 못한 M의 친척은, 하릴없이 예전의 조상을 들추어낸 모양이었습니다. 그리고 그 어린애에 대한 커다란 의혹과 그보다 더 커다란 희망(의혹이 오해였던 것을 바라는)은 M으로 하여금 손쉽게 그 말을 믿게 한 모양이었습니다. 내가 자기의 말에 흥미를 가지는 것을 본 M은, 잠시 주저하다가 그가 예비했던 둘째 말을 마침내 꺼내었습니다.

"게다가 날 닮은 데도 있어."

"어디?"

"이 보게."

M은 어린애를 왼편 팔로 가만히 옮겨서 붙안으면서 오른손으로는 제 양말을 벗었습니다.

"내 발가락 보게. 내 발가락은 다른 발가락과 달라서, 가운뎃발가락이 그 중 길어. 쉽지 않은 발가락이야. 한데……."

M은 강보를 들치고 어린애의 발을 가만히 꺼내어 놓았습니다.

"이놈의 발가락 보게. 꼭 내 발가락 아닌가. 닮았거든……."

　M은 열심으로 찬성을 구하듯이 내 얼굴을 바라보았습니다. 얼마나 닮은 곳을 찾아보았기에 발가락 닮은 것을 찾아내었겠습니까?

　나는 M의 마음과 노력에 눈물겨워졌습니다. 커다란 의혹 가운데서, 그 의혹을 어떻게 하여서든 삭여 보려는 M의 노력은 인생의 가장 요절할 비극이었습니다. M이 보라고 내놓은 어린애의 발가락은 안 보고, 오히려 얼굴만 한참 들여다보고 있다가 나는 마침내 이렇게 말하였습니다.

　"발가락뿐 아니라 얼굴도 닮은 데가 있네."

　그리고 나의 얼굴로 날아오는(의혹과 희망이 섞인) 그의 눈을 피하면서 돌아앉았습니다.

김연실전

1

연실이의 고향은 평양이었다.

연실이의 아버지는 옛날 감영의 이속(관청의 하급 관원)이었다. 양반 없는 평양서는 영리들이 가장 행세하였다. 연실이의 집안도 평양서는 한때 자기로라고 뽐내던 집안이었다.

연실이는 부계로 보아서 이 집안의 맏딸이었으나, 그보다도 석 달 뒤에 난 그의 오라비동생이 그 집안의 맏상제였다. 이만한 설명이면 벌써 짐작할 수 있을 것이지만, 연실이는 김영찰의 소실(퇴기)의 소생이었다.

김영찰의 딸이 웬 셈인지 최 이방을 닮았다는 말썽도 어려서는 적지 않게 들었지만, 연실이의 생모와 김영찰의 사이의 정이 유난히 두터웠던 까닭인지, 소문은 소문대로 젖혀 놓고 연실이는 김영찰의 딸로 김영찰에게는 인정이 되었다.

조선에도 민적법이 시행될 때는, 그 때 생모를 여읜 연실이는, 김영찰의 정실의 맏딸로 민적에 오르고, 연실이보다 석 달 뒤에 난 맏아들은 민적상 연실이보다 일 년 뒤에 난 한 부모의 자식으로 오르게 되었다.

조선의 개명은 예수교라는 물결을 타고 서북으로 먼저 들어왔다. 이 다분의 혁명적 사상과 평민 사상을 띤 종교는, 양반의 생산지인 중부 조선이며 남조선에서 잘 받지 않는 동안, 홍경래를 산출한 서북에 먼저 들어

왔다. 들어오면서는 놀라운 세력으로 퍼지기 시작하였다.

때 바야흐로 한토(중국)에서는 애신각라(만주족의 한 부족) 씨가 이룩한 청나라의 삼백 년 기업의 흔들림도 보고, 원세개라 여원홍이라 손일선이라 하는 이름들이 조선 사람의 입으로 수군거리우는 시절에, 예수교라는 새로운 도덕학과 그 예수교에 뒤따라 조선에 들어온 '개명 사상'이 조선에서 제일 먼저 부인한 것은, 양반 상놈의 계급, 적서의 구별, 도덕만을 숭상하는 구학문 등이었다. 이런 사상의 당연한 결과로서, 조선 온갖 곳에 신학문의 사립 학교가 설립되었다.

평양에도 청산학교라는 소학교가 설립되었다.

　　학도야 학도야
　　저기 청산 바라보게

고목은 썩어지고
영목은 소생하네.

이 학교의 교가 삼아 지은 이 창가는, 삽시간에 권학가로 온 조선에 퍼졌다.

청산학교 창립의 뒤를 이어, 벌써 평양에 몇 군데 예배당의 부속 소학교가 설립되었다. 그 곧 뒤를 이어서 진명여학교라 하는 여자 교육의 소학교까지 설립이 되었다.

진명학교는 설립되면서 어느덧 평양 시민에게 '기생 학교'라는 부름을 들었다. 장래의 기생을 만들어 낸다는 뜻이 아니었다. 현재 재학생 중에 기생이 많다는 뜻도 아니었다. 아직도 옛 사상에서 벗어나지 못한 평양 시민들은, 자기네의 딸을 학교에 보내기를 꺼린 것이었다. 더욱이 그 때의 학령이라는 것은 열 살 이상 열다섯 내지 열일여덟이었으매, 그런 과년한 딸을 백주에 길에 내놓으며, 더욱이 새파란 남자 선생한테 글을 배운다든가 하는 일은, 가문을 더럽히는 일이며, 잘못하다가는 딸에게 학문을 가르치려다가 다른 일을 가르치게 될 것을 염려하여, 진명여학교의 설립을 무시하여 버렸다.

그 대신 '내외'를 그다지 엄히 지킬 필요를 느끼지 않는 기생의 딸 혹은 소실의 딸들이 이 학교에 모여들었다. 이렇게 되기 때문에 더욱이 여염집의 딸들은 이 학교를 천시하고, 드디어 그 칭호까지도 진명학교라 부르지 않고 기생 학교라 부르게까지 된 것이다.

연실이는 진명학교가 창립된 지 석 달 만에 이 학교에 입학하였다.

연실이가 이 학교에 입학한 것은 단지 소실의 딸이라는 자유로운 신분만이 아니었다.

첫째로는 신학문의 취미를 보았기 때문이었다. 물론 기역니은은 언제 배웠는지 모르는 틈에 배웠지만, 그 밖에 무엇보다도 연실이에게 호기심을 일으키게 한 것은 산술이었다. 그 전해에 소학교에 입학한 오라비동생의 학과 복습을 보살펴 주다가 저절로 아라비아 숫자를 알게 되면서 어느덧 오라비보다 앞서게 되어, 오라비는 학교에서 가감을 배우는 동안, 연실이는 승(곱하기)과 제(나누기)도 넘어서서 분수까지 올라가게 되었다. 이것이 그로 하여금 신학문에 취미를 갖게 한 첫째 원인이었다.

둘째로 그가 학교에 가고 싶게 된 동기는 그의 가정 사정이었다.

연실이의 아버지가 과거의 영문 이속이라 하나, 다른 이속들보다 지체가 훨씬 떨어졌다. 다른 이속들은 대대로 이속 집안이든가, 혹은 서북 선비의 집안 후손으로, 여러 대째 내려오는 근본 있는 집안이었지만, 연실이의 아버지는 그렇지 못하였다. 연실이의 할아버지는 군정이었다. 군정 노릇을 하며 상관의 비위를 맞추어서 돈냥이나 장만하였다.

그 장만한 돈으로 아들을 위하여 영리의 자리를 사 주었다. 얼마 전만 하여도 군정의 자식이 아무리 돈이란들 영리 자리를 살 수 있으랴만, 그때 마침 유명한 M감사가 평양 감사로 내려올 때라, M감사에게 돈만 바치면 아무것이라도 할 수 있었던 시대였더니만치, 감히 바라도 보지 못할 자리를 점령한 것이었다.

목적은 치부에 있었다. 몇 해 잘 어름거려서 호방 자리만 하나 얻으면 몇십만 냥을 모으기는 여반장인 시대라, 호방을 목표로 영리의 자리를 샀었다. 그런데 불행히도 김영찰이 호방에 오르기 전에 일청전쟁이 일어나고, 일청전쟁의 뒤에는 관제 변혁으로 김영찰 선생의 꿈이 헛데로 돌아갔다.

이렇게 되매, 김영찰의 입장은 딱하게 되었다. 평양서는 그래도 지벌을 자랑하는 가문에서 김영찰을 군정의 자식이라 하여 천시하였다. 그러나 김영찰로 보자면, 자기의 아버지는 여하컨 간에 관속이었더니만치 아버지

시대의 동료들과는 사귀기를 피하였다. 개밥의 도토리와 같이 비어져 나왔다.

만약 이런 때에 김영찰로서 조금만 눈을 넓게 뜨고 보았더면, 자기의 장래를 상로든가 혹은 다른 방면으로 발견하였을 것이다. 그러나 그의 선조 대대로 군정 노릇을 하였고, 그 자신은 관리로까지 출세를 하였다가, 관리로서 충분히 자리도 잡아 보기 전에 다시 앞길을 잃어버린 사람이라, 관료적 심정 및 권력에 대한 동경심이 마음에 불타올라서, 다른 방면을 돌볼 여유가 없었다. 여기서 김영찰은 새로운 정세 아래서의 관리 자리를 얻어 보려고 동분서주하였다.

이런 계급과 이런 사상의 사람의 예상사로 김영찰은 첩 살림을 하였다.

더욱이 몇 해 전만 하여도 기생들은 김영찰을 군정의 자식이라 하여 속으로 멸시를 하였는데, 이즈음 그런 관념이 타파된 위에, 기생으로 볼지라도 예전과 달라, 행랑집 딸 술집 계집애들이 수심가깨나 하게 되면 함부로 기생이 되어, 기생의 지위가 떨어지기 때문에 누구를 괄시하든가 할 수는 없이 되어, 김영찰 같은 사람은 이런 사회에서,

"어이, 내가 M판서 대감이 평양 감사로 내려오셨을 적에 에 어 어……."

하며 호기를 뽑을 수 있는 고귀한 손님쯤으로 되어서, 화류계의 중심 인물쯤 되었다.

이런 가장에게 매어달린 그의 가정은 냉락한 가정이었다.

이 가정 안에서 연실이를 사랑할 수 있고 또 사랑할 의무를 가진 사람은 오직 그의 아버지뿐이거늘, 아버지라는 사람이 집에 들어오는 일조차 쉽지 않으니, 연실이는 사랑을 받지 못하고 자랄 수밖에 없었다.

연실이의 적모(민적상으로는 생모)는 군정의 며느리로 온 사람이니만치 교양 없이 길러난 사람이었다. 그런 사람이 시집을 왔으면 남편에게라도 교양을 받아야 할 것인데, 남편 역시 그렇고 그런 사람이라 아내를 가르

친다든가 할 만한 사람이 못 되었다.

군정의 며느리로 시집온 것이 운수 좋아서 영찰의 아내가 되었다고 교만만 잔뜩 가지게 된 사람이었다. 사사에 연실이를 꾸짖었다. 잘못한 일은 둘째 두고 잘한 일이라도 꾸짖었다. 꾸짖는 때는 반드시,

"제 에미년을 닮아서……."

"쌍것의 새끼는 할 수 없어!"

하는 말 끼우기를 잊지 않았다.

자기의 소생 자식들을 책할 때도,

"쌍것의 새끼하구 늘 놀아서 그 꼴이란 말이냐?"

하고 연실이를 끌어대었다.

이런 어머니의 교육 아래서 자라는 연실이의 이복동생(사내 둘과 계집애 하나)들이라, 동생들이 제 누나 혹은 언니에게 대해서 취하는 태도도 자기네는 양반이요 연실이는 쌍것이라는 관념 아래서 출발한 것이었다.

이런 가정 안에서 이런 환경 아래서 자라나는 연실이는, 어린 마음에도 온갖 사물에 대한 반항심만 성장되었다.

아무 애정도 가질 수 없는 아버지는 단지 무시무시한 존재일 뿐이었다. 게다가 적모에게 흔히 듣는 바,

'그 낫살에 계집이라면 정신을 못 차리는 더러운 녀석!' 일 뿐이었다.

적모며 적모 소생의 이복동생들에게 대해서 애정이나 존경심을 못 갖는 것은 거듭 말할 필요도 없었다.

그뿐 아니라, 자기가 갓 태어났을 때에 저 세상으로 간 자기의 생모에게조차 호의를 가질 수가 없었다. 이런 환경의 소녀로서 가슴에 원한이 사무칠 때마다 생각나는 것은 자기의 생모이겠거늘, 표독하게도 비꼬여진 연실이의 마음은,

'왜 그것이 화냥질을 해서 나까지 이 수모를 받게 하는가?'

하는 원망이 앞서서, 도저히 호의를 가질 수가 없었다. 부계로 보아 양반(?)의 자식이라는 자긍심을 가지고 싶은데, 그것을 방해하는 모계가 저주하고 싶었다.

이렇게 가정적으로 정 가는 데도 없고 사랑 붙일 데도 없는 연실이는, 어떤 날 자기 이모(늙은 기생)의 집에 놀러 갔다가, 진명학교라는 계집애 학교가 있단 소식을 듣고, 열 살 난 소녀로서 부모의 승낙도 없이 입학 수속을 하여 버린 것이다. 물론 부모에게 알리면 한 번 단단한 경을 칠 줄은 뻔히 알았지만, 경에 단련된 연실이는 그것이 그다지 무섭지도 않았거니와, 두고두고 그 집에 박혀 있느니보다는 한 번 경을 치고라도 학교에 다닐 수만 있었으면 다행이었다.

그랬는데 요행히도,

"제 에미를 닮아서 간도 큰 계집애로군. 사내로 태어났더면 역적 도모 하겠네."

하는 독 있는 욕을 먹은 뒤에 비교적 순순히 승낙되었다. 아마 어머니로서도, 집안에서 맨날 보기 싫은 상년을 보느니보다는, 낮만이라도 학교로 정배를 보내는 것이 속이 시원하였던 모양이었다.

그러나 진명여학교도 창립한 다음 해에는 도로 문을 닫아 버리지 않을 수가 없게 되었다.

그 학교의 창립자는 당시 이름 높던 청년 지사였다. 그 창립자가 바야흐로 개화의 물결을 타고 오르려는 서북 조선 각 지방을 돌아다니면서 유세하여 구하여 들인 기금이 차차 학교 경영의 기초를 든든히 할 가망이 보였으나, 사위 사정의 급변화는 이 청년 지사로 하여금 자기의 사업에 정진치 못하게 하여, 그는 자기가 나고 자라고 한 땅을 등지고 멀리 해외로 망명을 하였다.

그가 외국으로 달아날 때에 고국에 남기고 간 '간다 간다 나는 간다.

너를 두고 나는 간다' 의 노래가 온 조선 방방곡곡에 퍼지게 된 때쯤은, 진명여학교는 창립자의 후계자인 어떤 여사가 애써 유지하여 보려고 노력하였음에도 불구하고, 드디어 문을 닫지 않을 수가 없게 되었다.

이리하여 쓸쓸한 가정에서 한때 자유로운 학원에 몸을 피하였던 연실이는, 다시 가정에 들어박히지 않을 수가 없게 되었다.

그 때 연실이는 열두 살이었다.

2

단 이 년의 진명학교 생활은 결코 기다란 세월이랄 수는 없다. 그러나 이 이 년이라는 날짜가 연실이에게 일으킨 변화는 적지 않았다.

학교에서 배운 바의 지식이라는 것은 보잘 것이 없었다. 회도몽학을 제 2권까지 떼어서 쉬운 한문 글자를 배우고, 산술은 일찍이 집에서 자습한 분수에까지 다시 이르고, 지금껏 뜻은 모르고,

'당기우기 삼천 리에 도엽지로세'

하며 부르던 노래가 사실은

'단기위고 삼천 년의 도읍지로세'

하는 것으로 단군, 기자, 위만, 고구려의 삼천 년 간의 도읍지라는 '평양가' 의 일 절이라는 것을 알고,

"지금까지는 우리 조선에서는 여자라는 것은 노예로 알았거니와 결코 그렇지 않습니다. 개명한 세상에서는 여자도 사회에 나서서 일해야 됩니다. 그러기 위해서는 교육을 받아야 합니다."

하고 사자후하던 진명학교 창립 선생의 말로써, 노예(뜻은 모른다)이던 여자가 교육받게 된 것이라는 것을 알고——등등, 학교에서 직접 얻은 지식보다도 그의 학교 생활 때문에 생겨난 성격의 변화와 인식의 변화가 더

욱 컸다. 규칙 없이, 순서 없이 너무도 급급히 수입한 자유 사상 아래서 교육받으며, 진명학교 학우들 틈에서 자라는 이 년 간에, 연실이의 마음에 가장 커다랗게 돋아난 싹은 반항심이었다. 학우들이 대개가 기생의 자식이라, 가정의 훈련과 교육을 받지 못하고 자유로이 자라난 이 처녀들은, 부모를 고마워할 줄 모르고 부모를 공경할 줄을 몰랐다. 이 처녀들의 어머니가 자기네의 집안에서 하는 행동이며 말이며 버릇은 결코 자식에게 존경을 받을 만한 바가 못 되었다. 이런 가정 아래서 부모를 공경할 의무를 모르고 자란 이 처녀들은, 따라서 부모(부모라기보다 아비 없는 어미만이 대개였다)를 무서워할 줄을 몰랐다.

어려서부터 부모 사랑은 몰랐지만, 부모 무서운 줄은 알면서 자란 연실이는 그것이 처음은 의외였다. 그러나 이 년 간을 그 처녀들과 함께 지내며, 가정이 재미없으니만치 하학한 뒤에도 동무들의 집에 놀러 가서 온 낮을 보내고 하는 동안, 어느 틈에 배웠는지 모르지만, 연실이도 부모에게 대한 공포심을 잃고 그 대신 경멸심을 배웠다.

관념과 인식상의 이런 변화가 드디어 행동으로 나타나는 날이 이르렀다.

한 이 년 간 학교에 다닐 동안 연실이는 어머니와 얼굴을 대할 기회가 몇 번이 되지 못하였다. 그 전만 같으면 얼굴 보이기만 하면 무슨 트집으로든 반드시 꾸중을 하곤 하였는데, 한 이 년 간 늘 학교에 다니면서 밤 이외에는 거의 집에 있을 기회가 없었던 연실이는, 따라서 어머니에게 꾸중 들을 기회도 없었다. 이 년 동안을 꾸중 안 듣고 지나서 열두 살이라는 나이가 되니, 아직 줄곧 대두고 꾸중을 하면서 지내왔으면 그렇지도 않았겠지만, 어머니도 이제는 꾸중만 하기가 좀 안되었는지 전보다 꾸중의 도수가 적어졌다. 단지 서로 차디찬 눈으로 대하곤 하는 뿐이었다.

그런데 어떤 날(그것은 연실이가 학교를 그만둔 지 만 일 년쯤 되었다.)

연실이는 동무이던 어떤 계집애의 집에 놀러 갔다가 그 곳서 불쾌한 일을 보았다. 불쾌한 일이라야 계집애들 특유의 일종의 시기일 따름이었다. 그 때 마침 그 동무 계집애는 자기의 동무와 무슨 이야기를 하다가 연실이가 오는 것을 보고 입을 비죽거리며 이야기를 멈추어 버렸다.

이 기수(낌새)를 챈 연실이는 불쾌한 낮색으로 앉아 있다가 드디어 제 동무에게 따져 보았다. 따지다가 종내 충돌되었다. 이 엠나이(계집애) 저 엠나이 하면서 맞잡고 싸우기까지 하였다. 그리고 잔뜩 독이 올라서 제 집으로 돌아왔다.

그 날이 마침 연실이의 집의 청결날이었다. 머리에 수건을 동이고 청결을 보살피고 있던 어머니가 연실이 돌아오는 것을 보고 핀잔 주었다.

"넌 옛날 같으문 시집가게 된 년이 밤낮 어델 떠돌아다니니? 이런 날은 좀 집에 붙어서 일이나 하디. 대테 어데 갔댔니?"

여느 때 같으면, 이런 꾸중이 있을지라도 연실이는 못 들은 체하고 방으로 들어가 버릴 것이다. 그러나 이 날은 독이 오를 대로 올라서 집에 들어선 참이라, 어머니에게 대꾸를 하였다.

"그러기에 일찍 왔디요."

독 있는 눈초리와 독 있는 말투였다. 어머니가 벌컥 성을 내었다.

"요놈의 엠나이, 말대답질?"

"물어보는 거 대답 안 할까?"

흥 한 번 코웃음 치고 연실이는 방으로 들어가려 하였다. 그러나 그 순간 연실이의 꼬리는 어머니에게 붙잡혔다. 동시에 주먹이 한 번 그의 머리 위에 내렸다.

눈에서 푸른 불길이 이는 것 같은 느낌을 느끼면서 연실이는 홱 돌아서서 어머니를 쳐다보았다. 눈물 한 방울 안 괴었다. 단지 서리가 돋칠 듯 매서운 눈이었다.

"요년, 그래 터다보문 어떡할 테가?"

"죽이소, 죽에요! 여러 번에 맞아 죽느니 오늘루 죽이라우요!"

"못 죽이랴!"

또 내리는 주먹 아래서 연실이는 어머니의 치마를 잡고 늘어졌다. 주먹, 발질, 수없이 그의 몸에 내리는 것을 감각하였지만, 악에 받친 그는 죽에라 죽에라 소리만 연방 하며 치맛자락에서 떨어지지 않기만 위주하였다.

한참을 두들겨맞았다. 매섭게 독이 오른 이 계집애는 사실 생사를 가릴 수 없도록 광란 상태에 빠진 것을 알고, 어머니가 먼저 무서움증이 생긴 모양이었다.

"놓아라!"

치맛자락을 놓으라는 뜻이었다. 뿌리치기도 하였다. 그러나 연실이는 더 매섭게 매달렸다.

"죽에라! 죽기 전엔 못 놓겠구나!"

"놓아라!"

"내가 도적질을 했나 화냥질을 했나? 무슨 죄루 매맞아 죽노?"

에누다리(넋두리)를 하면서, 치마에 늘어져서 몸부림치기를 한참을 한 뒤에야, 연실이는 치맛자락을 놓아 주었다.

"독하구 매서운 년두 있다."

딸의 악에 얼혼이 난 어머니는 치마를 놓이면서 저쪽으로 피하여 버렸다.

연실이도 일어났다. 대성통곡을 하면서 자기의 집을 나왔다.

그러나 길모퉁이를 돌아서서 통곡 소리가 집에 안 들리게쯤 되어서는 울음을 뚝 끊어 버렸다. 그런 뒤에는 저고리 고름을 들어서 눈물을 닦고 얼굴에 얼룩진 것을 짐작으로 지우고, 지금껏 울던 태를 깨끗이 씻어 버리고 총총걸음으로 그 곳서 발을 떼었다. 향하는 곳은 연실이의 아버지가 첩살림을 하고 있는 집이었다.

연실이는 그 집까지 이르러서 대문 밖에서도 찾지 않고 방문 밖에서도 찾지 않고, 큰방으로 덥석 들어갔다. 아버지의 목소리가 들리므로, 집에 있는 줄은 문밖에서부터 알았다.

말없이 윗목에 도사리고 앉은 딸을 김영찰은 첩의 무릎을 베고 누웠다가 머리만 좀 들며 바라보았다.

"너 뭘 하러 왔니?"

여전히 뚝하고 뭉퉁한 소리였다.

"아이구, 너 어떻게 오니?"

그래도 첩은 다정한 티를 보이며 절반만치 몸을 일으켜 김영찰에게는 퇴침을 밀어 주었다.

드디어 폭발되었다. 연실이는 왕 하니 울기 시작하였다. 아까는 악에 받친 울음이었거니와 이번은 진정한 설움이었다.

"울기는 왜 울어."

"쫓겨났어요."

울음 가운데서 연실이는 거짓말을 하였다.

"쫓겨나긴? 민한 소리 말구 어서 집에 가기나 해라."

그러나 연실이는 울음을 멈추지도 않고 더 서러운 소리를 높였다.

쫓겨난 것이 아니라, 단지 어린 가슴이 너무 아파서 육친인 아버지라도 보고 싶어서 온 것이었다. 다정한 말까지도 바라지 않는다. 그러나 아버지의 눈자위에 나타난 귀찮은 표정은, 이런 방면에 몹시도 예민한 연실이에게는 더할 나위 없이 서러웠다. 하다못해 불쌍하다는 표정이라도 왜 지어 줄 줄을 모르는가?

"애, 너 점심 먹었니? 국수 시켜다 줄게 먹을래? 울지 마라. 미워서 내쫓으시겠니? 자, 국수 시켜다 줄게 먹어라."

그러나 연실이는 완강히 머리를 가로저었다.

그날 밤 연실이는 아버지의 작은댁에서 묵었다. 아버지는 가라고 몇 번을 고함질쳤지만, 연실이도 일어나지 않았거니와, 작은댁도 일껏 아버지를 찾아왔으니 하룻밤 자고 내일 아침 어머님의 노염이 삭은 뒤에 돌아가라고 말렸다.

그날 밤 연실이는 몹시 불쾌한 일을 보았다. 인생의 가장 추악한 면을 본 것이다.

"곤할 텐데 일찍 자거라!"

저녁 뒤에 아버지는 이렇게 호령하여 윗목에 자리를 깔고 자게 되었다. 건넌방에는 첩 장인의 내외가 있는 것이다.

연실이는 자리에 들어갔으나 오늘 낮에 겪은 가지가지의 일이 머리에 왕래하여 좀체 잠이 들 수 없었다.

아버지는 딸을 재운 뒤에 소실에게 술상을 불렀다. 그리고 한참을 술을 대작하였다.

그 뒤부터 추악한 장면은 전개되었다. 이부자리를 펴고도 그 속엔 들지도 않고, 불도 끄지 않고, 이 벌거숭이의 중년 사나이와 젊은 애첩은 온갖 추태를 다 연출하였다.

"검동아, 아가, 무얼 주련?"

"나 보×!"

"너의 본댁으로 가려무나?"

"늙은 건 싫여."

어느 때는 제법 점잔을 빼는 중늙은이가, 어린 첩에게 어리광을 부리며 엎치락뒤치락하는 그 꼬락서니는 정시치 못할 일이었다.

기생의 딸 가운데 동무를 많이 갖고 있고, 그 사이 삼 년간을 거의 동무들 집에서 세월을 보낸 연실이는 성에 대해서도 약간의 이해를 갖고 있는 계집애였다. 자기의 아버지와 그의 젊은 첩이 지금 노는 노릇이 무엇인지도 짐작이 넉넉히 갔다.

연실이는 이불 속에서 스스로 얼굴이 주홍빛으로 물들어 오르는 것을 알 수가 있었다. '낮살이나 든 것이 계집을 보면' 운운하던 적모의 말은 자기의 체험에서 나온 것인지 추측에서 나온 것인지는 알 수 없지만, 아버지가 여인에게 하는 행동은, 제삼자도 얼굴 붉히지 않고는 볼 수가 없는 것이었다.

아버지는 벌써 딸이 잠든 줄 알고 하는 노릇인지는 알 수 없지만, 잠들고 안 들고 간에 자기의 딸을 윗목에 누이고, 이런 행동이 취하여질까? 이 천박한 꼴을 무가내하 잠든 체하고 보고 있어야 할 연실이는, 어린 마음에도 이 세상이 저주스러웠다. 동무네 집에서 간간 볼 수 있는바, 동무의 형 혹은 어머니 되는 기생들이 주정꾼이며 혹은 오입쟁이들을 상대로 하여 노는 꼴도, 아버지와 작은집이 노는 꼴에 비기건대 훨씬 점잖은 편이었다. 설사 무인고도에서 자기네들끼리만 놀아난다 해도, 자기네 스스로가 부끄러워서 어찌 이다지야 흉하게 굴까?

얼굴에 모닥불을 놓는 것같이 달고 뜨거웠다. 숨을 죽이고 귀를 막았다.

이튿날 새벽 겨우 동틀 녘쯤, 아버지가 소실을 품에 안고 곤히 잠든 때에 연실이는 몰래 그 집을 빠져나왔다. 눈물이 연해 그의 눈에서 흘렀다.

3

그로부터 연실이의 심경은 현저히 변하였다.

연실이는 본집으로 돌아왔다. 어머니에게서 무슨 벼락이 또 내리지 않을까 근심도 되었지만, 어머니는 연실이의 악에 진저리가 났든지, 들어오는 것을 본체만체하였다.

"천하 맞세지 못할 년."

그 뒤에도 연실이의 잘못하는 일이 있을 때마다 욕을 하려다가는 스스로 움츠러지곤 하는 것을 보면, 치맛자락 놀음에 적지 않게 진저리가 난 모양이었다. 이전에는 끼니 때에는 어머니와 동생들과 함께 큰방에서 먹었지만, 그 일 뒤부터는 막간(행랑) 사람을 시켜서 상을 연실이의 방으로 들여보내곤 하였다.

큰방에서 어머니가 친자식들을 데리고 재미나게 지내는 모양을 보면, 당연히 연실이는 부럽기도 할 것이고 어머니 생각도 날 것이로되, 연실이는 어떻게 된 성격의 소녀인지, 그런 감상이 일어나는 일이 없었다. 단지 자기와 동갑 되는 커다란 아들을 어린애나 같이 등을 두드리고 머리를 쓸어 주는 어머니를 볼 때마다, 두드리는 어른이나 두들리는 아이나, 다 철부지라 보고 멸시하였다.

천하 만사에 정 가는 곳이 없고 정 붙일 사람이 없는 이 소녀는, 혼자서 자기에게 향하여 악을 부리고 자기의 마음을 스스로 학대하며 그날 그날을 보냈다. 현실에 대하여 너무도 많은 문제를 가지고 있는 이 소녀는, 이만 낫살의 소녀가 가질 만한 공상이라는 것도 모르고 지냈다.

장차 어찌 될까 하는 근심이든가, 장차 어떻게 하여야겠다는 목적 등은 전혀 없는 세월을 보내고 있었다.

이 연실이가 자기의 생애의 국면을 타개하여 보려고 마음먹게 된 것은 진실로 단순한 기회에서였다.

그의 진명학교 때의 동창생 한 사람이 동경으로 유학을 갔다. 때는 바야흐로 '한일 합방'의 직후로서, 동경으로 유학의 길을 떠나는 청소년이 급격히 느는 시절인데, 연실이와는 진명학교 때의 동창이던 최명애라는 처녀(연실이보다는 삼 년 위였다)가 동경으로 공부하러 떠났다.

이 우연한 뉴스 한 개에 연실이의 마음도 적지 않게 동하였다.

'동경 유학.'

이 아름다운 칭호에 욕심난 것도 아니었다. 여자로 태어났으면 시집갈 때까지 부득이 친정이 있어야 한다는 막연한 생각으로 집에 그냥 박혀 있던 연실이었다. 결코 집이 그립다든가 다른 데 가는 것이 무서워서 가만 있는 것은 아니었다. 있어야 하는 것으로 알고 있던 것이었다. 그런데 자기의 동창 한 사람이 여자의 몸으로 유학을 떠난다 하는 뉴스에 연실이의 마음도 적잖게 흔들렸다.

'나도 동경 유학을 가리라.'

돈? 앞서는 것은 돈이로되 연실이에게는 돈은 전혀 문제가 아니었다. 자기 생모의 유물로서 금비녀와 금가락지가 합하여 석 냥쯤 남아 있었다. 이백 원은 될 것이었다. 게다가 여차하는 날에는 적모의 금붙이도 허수로이 두었으니 도리가 있을 것이었다. 그러나 그보다도 더 간단하고 편한 길은 또 있었다. 그의 적모는 지아비 몰래 돈을 놀리는 것이 있었다. 이것이 들고 나고 하여 어떤 때는 사오십 원에서 수백 원, 때때로는 일이 천 원의 돈까지 집에 있을 때가 있었다. 드나드는 거간의 눈치만 잘 보면 그 기회도 놓치지 않을 것이고, 그것을 손댈 수만 있다면 그 돈은 지아비 몰래 놀리는 돈이니만치, 속으로 배는 앓아도 내놓고 문제 삼지는 못할 것이었다. 서서히 기다리며 이런 좋은 기회를 붙들자면 수년 간의 학비를 한꺼번에 마련할 기회도 생기게 될 것이었다.

문제는 어학이었다. 당시에 있어서 일본말이라 하면, '하따라 마따라'니 '하소대시까' 라니쯤밖에는 알지 못하는 연실이었다. 이렁저렁 '가나' 오십 음은 저절로 배워서 김연실을 'キムヨンシル' 라고쯤은 쓸 줄 알았으나, 일본음으로는 자기 이름조차 알지 못하는 정도였다.

이런 생매기(어떤 일에 서투른 사람)로 '하따라 마따라' 하는 사람들만이 사는 동경 바닥에 들어서서 더구나 '하따라 마따라'로 공부를 하여야겠으니, 적어도 여기서 쉬운 말쯤은 배워 가지고 가야 할 것이었다.

물론 부모에게 알릴 일이 아니었다. 절대 비밀히 하지 않으면 안될 것이었다.

그러기 위해서는 연실이의 현재 입장은 비교적 자유로웠다. 아버지가 그런 사람이요, 어머니는 치맛자락 사건 이래로는 일체로 연실이와 맞서기를 피하여 오는지라, 연실이가 나가건 들어오건 간섭하는 사람이 없었다. 그럴 만한 선생과 그럴 듯한 장소만 구하면 일부러 집안에 알리기 전에는 자연히 비밀하게 일이 될 것이었다.

화류계에 동무를 많이 가지고 있는 연실이는, 선생을 구하는 데도 비교적 힘들이지 않고 성공하였다.

이리하여 그가 열다섯 살 나는 봄부터 어학 공부를 시작하였다. 선생이라는 사람은 연실이의 동무의 동무(기생)의 오라버니로서, 토지 세부 측량이 한창인 시절에 측량 기사로 돌아먹던 사람이었다.

배우는 장소는 그 선생의 누이의 집 한 방이었다. 선생의 나이는 스물다섯……

4

아직 피지 못하여 얼굴은 가무퇴퇴하고 어깨와 엉덩이가 아직 발달되지 못하여 모진(각진) 데가 좀 과히 보이기는 하나, 열다섯 살의 연실이는 처녀로서의 자질이 잡혀 갔다.

그러나 아직 '여인'으로서는 아주 무지한 편이었다. 그의 생장한 환경이 환경인지라, 남녀가 관계한다 하는 것은 어떤 일을 하는 것이며 어떤 것이라는 것을 (모양으로) 알았지만 의의는 전혀 모르는 '계집애'였다. 사내와 계집은 그런 노릇을 하는 것이거니 이치만 알았지, 어떤 특정한 사내와 특정한 여인이라야 그런 노릇을 하는 것이라는 점이며, 그런 노릇에 대한 의의는 전혀 몰랐다. 말하자면 보통 다른 소녀들이 그 방면에 관해서 가지는 지식의 행로와 꼭 반대로, 도달점의 형식을 미리 알고, 그 도달점까지 이르려면, 부끄럼, 사랑, 긴장, 환희 등등의 노순을 밟아야 한다는 것을 모르는 소녀였다.

그런지라, 그만 낫살의 다른 소녀 같으면 단 혼자서 젊은 남선생님과 대한다는 점에 주저도 할 것이고 흥미도 느낄 것이고 호기심도 가질 것이지만, 연실이는 아무런 별다른 생각도 없이, 단지 한 개 제자가 선생님을 대하는 마음으로 공부하러 다녔다.

'아이우에오

가기구게고

다디두데도'

썩 후에 동무들에게,

"나는 다, 디, 두, 데, 도, 라고 배웠어. 하나, 둘을 히도두, 후다두라고 배웠어요. 하하하하!"

'ガギグゲゴ'

'ダヂヅデド' 는

'응아, 응이, 응우, 응에, 응오'

'따, 띠, 뚜, 떼, 또' 였다.

"두마라나이 모노떼수 응아 또우조."

"응악꼬오니 이기마수."

──응아구고우(ガクコウ)라고 쓰고 응악꼬오라고 읽는 법이여.

이런 선생 아래서 연실이는 조반을 먹고는 선생의 집을 찾아가곤 하였다. 늦으면 저녁까지도 그 집에서 놀다 배우다 또 놀다 배우다 하곤 하였다.

5

삼월부터 어학 공부를 시작한 연실이는, 오월쯤엔 제법 히라가나로 적은 《심상소학독본》 삼 권쯤은 읽을 수 있도록 진척되었다. 비교적 기억력이 좋은 연실이요, 그 위에 어서 배워야겠다는 독이 있으니만치 어학력이 놀랍게 진척되었다. 삼 권쯤부터는 선생이 벌써 알지 못하여 쩔쩔 매는 때가 많이 있었지만, 어떤 때는 선생보다 연실이가 뜻을 먼저 알아내곤 하였다.

그 어떤 날이었다.

본시의 얼굴도 깜퇴퇴하거나 아직 피지 않았기 때문에 더욱 반질하게 검게 된 얼굴을 선생의 가슴 앞에 디밀고 앞뒤로 저으면서 독본을 읽고 있던 연실이는, 문득 선생의 숨소리가 괴상하여 가는 것을 들었다.

연실이는 눈을 들어 선생의 얼굴을 쳐다보았다. 아까도 선생이 술 먹은 줄은 몰랐는데, 지금 그의 눈은 시뻘겋게 충혈되어 있었다.

이 점을 연실이가 이상하게 생각하는 순간에, 선생의 얼굴에는 싱거운 미소가 나타나며 팔을 펴서 연실이의 어깨를 끌었다.

연실이는 선생이 요구하는 것이 무엇인지를 순간에 직각하였다. 끄는 대로 끌리었다.

그 날 당한 일이 연실이에게 정신상으로는 아무런 충동도 주지 못하였다. 그것은 연실이가 막연히 아는 바, 사내와 여인이 하는 노릇으로, 선생은 사내요 자기는 여인이니 당하게 되면 당하는 것이 당연한 일쯤으로 여겼다.

그 때 연실이가 좀 발버둥을 쳐 반항을 한 것은, 오로지 육체적으로 고통을 느끼기 때문이었다. 이런 고통을 받으면서 그 노릇을 하는 것이 여인의 의무라 하는 점이 괴로웠다.

곧 다시 일어나서 아까 하던 공부를 계속하고 있는 양을 사내는 누워서 번번히 바라보고 있었다.

좀 있다가 동무의 동무(이 집 주인 기생)의 방에 건너가서 체경을 보고 그는 비로소 약간 불쾌를 느꼈다. 아침에 물칠하여 곱게 땋아 늘였던 머리의 뒷덜미가 헝클어진 것이었다.

이 사건에 아무런 흥미나 혹은 부끄러움을 느끼지 않는 연실이는, 이튿날도 여전히 공부하러 사내를 찾아갔다. 그 날 또 사내가 끌어당길 때에 문득 어제 머리 헝클어졌던 것이 생각이 나서,

"가만——베개 내려다 베구요."

하고 베개를 내려 왔다.

그 뒤부터 사내는 생각이 나면 베개를 내려 오라고 하곤 하였다. 정 귀찮은 때가 아니면 연실이는 대개 베개를 내려 왔다. 공부에 피곤하여 좀 쉬고 싶은 때는 스스로 베개를 내려 오는 때도 있었다.

그러나 이것은 단지 사내와 여인이 때때로 하는 일이거니쯤으로밖에 여기지 않는 연실이는, 염증도 나지 않는 대신 감흥도 얻을 수가 없었다. 처음에 느낀 바 육체적 고통이 덜하게 되었으므로, 직전에 느끼는 공포의 긴장이 덜하게 될 뿐이었다.

연실이에게 말하라면, 사람이 대소변을 보는 것은 저마다 하는 일이지만, 남에게 보이기는 부끄러워하는 것과 마찬가지로, 이 일은 좀더 대소변보다 비밀히 해야 하는 일이지만, 저마다 하는 일쯤으로 여기었다. 남에게 보이고 더욱이 언젠가 제 아버지와 소실이 하던 꼴대로 추잡히 노는 것은 더러운 일이지만, 비밀히 하는 것은 대소변쯤으로밖에는 보이지 않

았다.

연실이는 연하여 그 선생에게 다녔다. 이제는 더 가르칠 만한 것이 그 선생에게는 없었지만, 습관적으로 그냥 다닌 것이었다. 선생은 베개를 내려놓는 맛에 그냥 받았다.

그냥 어학을 배우는 한편으로 집에서는 돈 거간의 출입에 늘 주의를 가하고 있던 연실이는, 그 해 가을 어떤 날, 적지 않은 돈이 어머니의 손으로 들어온 것을 기수(낌새)채었다.

옷이며 짐은 언제라도 떠날 수 있도록 준비해 두었던 연실이는, 그날 밤 큰방에 들어가서 어름어름하다가 어머니가 변소에 간 틈에 농문 안에 허수로이 둔 돈뭉치를 꺼내어 방망이질하는 가슴을 부둥켜안고 자기 방으로 건너와서, 저녁때 몰래 준비했던 작다란 가방을 보자기에 싸 가지고 발소리를 감추며 집을 나섰다.

한 시간쯤 뒤에는 부산으로 가는 직행 열차에 연실이의 작다란 몸이 실리어 있었다.

아무런 애수도 느끼지 않았다. 가정에 대하여 아무 애착도 없던 그는, 집을 떠나는 것도 서럽지도 않으며, 어려서부터 남을 의뢰하는 습관이 없이 자란 그는, 낯설고 말 서투른 새 땅에 가는데도 일호의 두려움도 느끼지 않았다. 선천적으로 그런 성격이었는지 혹은 그의 환경이 그를 그렇게 만들었는지는 모르지만, 인간 만사에 감동과 흥분을 느낄 줄을 모르는 연실이는, 아무 별다른 감상도 없이 평양 정거장을 떠난 것이었다.

"혹은 이것이 영결일지도 모르겠다."

가정에 대하여 애착이 없고 장차 사오 년은 넉넉히 지낼 여비를 몸에 지닌 그는, 이번 떠나면 장차 영구히 이 땅에는 다시 올 기회가 없을 듯싶어서 도리어 내심 시원하였을 뿐이었다.

6

"아이구, 퍽 곤하겠구나!"

미리 편지도 하였고 하관(시모노세키:연실이는 하관을 곧 동경으로 알았다.)서 전보도 쳐서 알리었던 최명애가 '신바시' 정거장까지 나와서 연실이를 맞아 주었다.

연실이는 단지 싱그레 웃었다. 사실 아무런 감상도 없었다. 올 데까지 왔다 하는 생각만이었다. 공상 혹은 상상이라는 세계를 가져 보지 못하고 지금까지 자란 연실이는, 현실에 직면하여서야 비로소 현실을 인식하는 사람이지, 미리 어떨까 하고 생각하여 보지도 않는 사람이었다. 동경도 단지 가정에 있기가 싫어서 온 것이지, 무슨 큰 희망이 있어서 온 바가 아니다. 따라서 동경이 어떤 곳인가 하는 호기심도 없이 덜컥 온 것이다.

최명애의 인도로 우선 명애의 하숙하고 있는 집에 들었다. 그리고 동경 도착한 지 수일 간은 최명애의 앞잡이로 동경 구경도 하며 일변 화복(기모노)도 지으며 장래 방침 토론도 하며──이렇게 보냈다. 그 결과로서 연실이는 금년 겨울은 어학을 더 준비해 가지고 명년 새 학기에 어느 여학교에 입학을 하기로 대략 결정하였다. 어학을 연습하기에는 마침 명애가 들어 있는 하숙이 예전 사족집 과부 노파 단 혼자의 집이라 주인 노파를 상대로 연습하기로 하였다.

이 해 겨울 연실이는 신체상에 여인으로서의 중대 변화기를 맞았다. 금년 봄부터 철 모르고 사내를 보기는 하였지만, 아직 소녀를 면치 못했던 연실이는, 이 겨울에야 비로소 여인으로서만이 보는 한 달에 한 번씩의 변화를 보았다.

이 육체상의 변화──발달은 육체상으로뿐 아니라 정신상으로도 연실이에게 적지 않은 변화를 주었다. 막연한 공포감, 그리움, 애처로움, 꿈 등등, 그가 아직 소녀 시기에 느껴 보지 못한 이상야릇한 감정 때문에, 복습하던 책도 내어던지고 눈이 멍하니 한 시간 두 시간씩을 보내는 일도 간간 있게 되었다.

아직껏 그의 마음에 일어 보지 못한 부모며 동생에게 대한 그리움도 처음으로 그의 마음에 일었다. 선배 동무인 명애에게 집에서 연락 부절(끊이지 않음)로 이르는 가족 사진이며 편지 등등이 부러워서, 명애가 학교 간 틈에 그의 편지를 몰래 꺼내 보고, 나도 이렇게 편지를 한번 받아 보았으면 하고 탄식도 하여 보았다.

오랫동안 불순한 가정에서 길러났기 때문에, 한편으로 쫓겨나가 있던 그의 처녀로서의 감정은, 처녀 전환기의 연실이에게 비로소 이르렀다.

이듬해 봄, 그가 명애의 다니는 학교에 입학을 한 때는 그의 비틀어진 성격도 적지 않게 교정이 된 때였다.

입학하면서 그는 기숙사에 들어가기로 하였다.

7

학교에 입학을 하고 기숙사에 든 다음에야 연실이는 '조선 여자 유학생 친목회'에 처음 출석하여 보았다. 이전에도 명애가 몇 번을 끌어 보았지만, 그런 일에 전혀 흥미가 없는 연실이는 한 번도 출석해 보지 않았다. 이번에도 명애가 학교에서

"오늘 친목회가 있는데 여전히 안 갈래?"

하고 의향을 물을 때에,

"이젠 학교에도 들고 했으니까 가 볼 테야."

하면서 미소하였다.

"그럼 지금까지는 학생이 못 되노라고 안 갔었나?"

"유학생 친목회에 비 학생이 무슨 염치에 가요?"

"준비 학생은 학생이 아닌가?"

"하하하하!"

이리하여 그 날 저녁 사감의 허락을 받고 연실이는 처음으로 동경에 와 있는 조선 유학생들과 합석할 기회를 얻었다.

연실이까지 합계 일곱 명이었다. 이 단 일곱 명 가운데, 회장·부회장이 있고 서기가 있고 회계가 있었다. 아무 벼슬도 하지 못한 사람은 명애와 연실이와 황해도 여학생이라는 이십 살 가량 난 사람뿐이었다.

이 단 일곱 명의 친목회에서 먼저 서기의 경과 보고가 있고 회계의 회계 보고가 있는 뒤에, 회장의 연설이 있었다.

——우리는 선각자외다. 조선 이천만 백성 중에 절반을 차지하는 일천만의 여자가 모두 잠자코 현재의 노예 생활에 만족해 있을 때에, 눈을 먼저 뜬 우리들은 그들을 깨우쳐 주고 그들을 노예 생활에서 건져 주기 위해서, 고향과 친척 친지를 등지고 여기까지 와서 고생하는 것이외다. 여성을 자기네의 노예로 하고 있는 현대 포악한 남성의 손에서, 일천만 여성을 구해 낼 사람은 우리밖에 없습니다. 우리는 남성에게 굴복해서는 안 됩니다. 배웁시다. 그리고 힘을 기릅시다——.

대략 이런 뜻의 말을 책상을 두드리며 부르짖었다.

정신적으로 전혀 불감증인 시대를 벗어나서 감정, 감동 등을 막연하나마 느끼기 시작하던 연실이는, 이 말에 적지 않게 감동하였다.

자기가 동경으로 뛰쳐오고 지금 학교에까지 들어간 것은, 본시의 무슨 중대한 목적이 있는 바가 아니라, 집에 있기가 싫어서 뛰쳐나온 것뿐이었다. 그러나 지금 이 회장의 연설을 듣고 보니, 자기의 등에도 무슨 커다란 것이 지워지는 것 같았다. 조선의 여자가 어떻게 구속되고 어떤 압박을 받고 있는지는 모르지만, 이전에 진명학교 창립 선생도 그런 말을 하였고, 지금 또 여기서도 그런 말을 하는 것을 보니 그것이 사실인 모양이었다. 그것이 사실일진대, 그것을 구해 낼 사람은 남자가 아니요 여자여야 할 것이고, 여자 중에서도 먼저 선진국에 와서 새 문화를 배운 사람이어야 할 것이다. 자기는 이미 여기 와서 배우는 단 일곱 사람의 선각자의 한 사람이니, 일천만분의 칠이라는——다시 말하면 일백오십만 명에 한 명이라 하는 귀한 존재이다. 소녀다운 감정으로 회장의 연설을 들으며 속으로는 이런 생각을 할 때, 연실이는 큰 바위에라도 깔린 듯이 가슴이 무너져 오는 느낌을 금할 수가 없었다.

"언니, 아까 그 회장 이름이 뭐유?"

회가 끝나고 어두운 길에 나오면서 연실이는 이렇게 명애에게 물었다.

"송안나. 왜?"

"이름두 야릇두 해라. 어느 학교에 다니우?"

"사범학교에."

"어디 사람이구?"

"아마 강서인가, 함종인가, 그 근처 사람이지."

"몇 살이나 났수?"

"왜 이리 끈끈히 묻나? 동성 연애 할려나 봐."

연애라는 말은 이젠 짐작은 가지만, 연애 위에 무슨 말이 더 붙었으므로 뜻을 똑똑히 못 알아듣는 연실이는 눈치로 보아 조롱받은 것 같아서,

"언니두……."

한 뒤에 말을 끊어 버렸다.

그러나 그날 저녁 들은 '선각자'라 하는 말 한 마디는 이 처녀의 마음에 꽤 단단히 들어박혔다.

——선각자가 되리라. 우리 조선 여성을 노예의 처지에서 건져 내리라.

구습에 젖어서 아직 눈뜨지 못하는 조선 여성을 새로운 세계로 끌어내리라——.

이런 새로운 감정으로 그는 '감동 때문에 잠 못 드는 밤'을 생전 처음으로 경험하였다.

8

어떤 날, 연실이가 학교에서 기숙사로 들어와서 책들을 정리하고 있을 때에, 그 방장으로 있는 사학년생 도가와라는 처녀가 연실이의 곁으로 와서 앉았다.

"긴 상!

"네?"

"조선 말 퍽 어렵지요?"

"글쎄요, 우린 모르겠어요."

"영어는?"

"재미있지만 어려워요."

"외국어란 어려운 것이야. 참 긴 상."

도가와는 좀 어려운 듯이 미소하며 연실이를 보았다.

"아까 하나이 선생——긴 상 담임 선생 말씀이야요. 하나이 선생님이 그러시는데, 긴 상 일본어가 아직 숙련되지 못했다구, 나더러 틈틈이 좀 함께 이야기라도 하라시더군요."

연실이는 얼굴이 새빨갛게 되었다. 스스로도 모르는 바가 아니었다.

"잘 부탁합니다."

연실이는 승복하지 않을 수가 없었다.

"천만에, 아니에요. 내가 무슨……. 긴 상, 책을 많이 보세요. 책을 보면 저절로 어학력이 늘어요. 내 책을 빌려 드릴게 책으로 어학을 연습하세요.”

“책이요? 무슨 책?”

도가와는 미리 준비하였던 모양인 책을 연실이에게 한 권 주었다. 등에 《젊은 베르테르의 슬픔——괴테》라고 씌어 있었다.

“재미있어요. 재미있는 바람에 읽노라면 어학력도 늘고——일석이조라는 게 이런 거겠지요.”

도가와는 깔깔 웃었다.

연실이는 즉시로 읽어 보기 시작하였다. 한 페이지, 두 페이지——교과서 이외에 평생 처음으로 독서를 하여 보는 연실이는, 처음 얼마는 몹시도 난삽하여 책을 접어 버리고 싶었다. 그러나 일껏 자기에게 책을 빌려 준 방장의 면도 있고 하여, 세 페이지, 네 페이지, 억지로 내리읽고 있었다.

저녁 끼니 시간이 되었다. 방장에게 독촉받아 식당에 내려간 연실이는, 자기의 손에 아직 《젊은 베르테르의 슬픔》이 들려 있고, 식당에 앉아서도 그냥 눈을 책에 붙이고 있는 자기를 발견하고 오히려 기이한 느낌을 받았다. 어느덧 그는 책에 열중이 되었던 것이다.

물론 모를 대목도 많이 있었다. 그러나 모를 곳은 모를 대로 그냥 내려 읽노라면 의미는 통하는 것이었다.

밤에 불을 끄는 시간까지 연실이는 그 책만 보고 있었다. 이튿날 새벽에 유난히도 일찍이 깬 연실이는 푸르둥한 새벽빛에 눈을 비비면서 소설 책을 다시 폈다.

아침에 깬 방장이 보고 미소하였다.

“어때요? 재미있어요?”

방장이 이렇게 물을 때에, 연실이는 눈을 책에서 떼지 않고,

"지독히——."

하며 미소하였다.

"모를 곳은 없어요?"

"있지만 뜻은 통하겠어요."

"다 읽어요. 다 읽으면 이번은 더 재미나는 책을 빌려 드릴게. 어학 연습에는 무엇보다도 다독이 좋아요."

학교에서 책을 끼고 틈틈이 숨어서 읽고 저녁에 읽고 이튿날——이리하여 독서의 속력이 그다지 빠르지 못한 그로도 이튿날 저녁때에는 끝까지 다 읽었다.

다 읽은 책을 베개 아래 넣고 자리에 든 연실이는, 가슴을 무득히 누르는 알지 못할 감정 때문에 좀체 잠을 이루지 못하였다. 그것은 무슨 감정인지 연실이는 알지 못하였다. 이런 감정과 감동을 평생에 처음 겪는 연실이는 이불 속에서 홀로이 헤적였다.

이틀 동안의 수면 부족 때문에 무거운 머리로 이튿날 아침 자리에서 일어나서 다 본 책을 방장에게 돌려주고, 연실이는 그런 재미있는 책을 또 한 권 빌려 달라고 간청하였다.

"자, 이걸 보세요."

하면서 방장이 연실에게 준 책은 꽤 두툼한 책이었다. 《에일윈——위츠던톤》이라 하였다.

그 날이 마침 토요일이라, 오전만 공부하고 오후부터는 연실이는 책에 달려들었다. 그리하여 토요일에서 일요일로, 월, 화, 수, 목, 금——만 일주일간을 잠시도 정신은 이 책에서 떼지 못하고 지냈다. 화요일, 그 소설의 주인공인 에일윈이 사랑하는 처녀 위니 프렛의 종적을 잃어버리고 스노든의 산과 골짜기를 헤매다가 위니의 냄새만 걸핏 감각한 대목에서 학교 시간이 되어 그만 책을 덮었던 연실이는, 위니의 생각에 안절부절 공부도 어떻게 하였는지 모르고 지냈다.

"윈니 상, 어때요?"

책을 다 보고 방장 도가와에게 돌려주매, 도가와는 또 미소하며 물었다. 그러나 연실이는 한참을 먹먹히 있다가야 대답을 하였다.

"도가와 상, 꿈 같아요."

"좋지요?"

"좋은지 어떤지——얼떨해요."

"이 소설을 지은 위츠 던톤이라는 사람은 이 소설 단 한 편으로 영국 문단에 이름을 올렸다우. 나도 이 소설을 읽은 뒤 한 반 달이나 꿈같이 얼떨하니 지냈어요."

"그게 웬일일까?"

"그게 예술의 힘이에요. 예술의 힘이 사람의 혼을 울려 놓은 때문이에요."

"예술?"

듣던 바 처음이었다.

"네, 예술——예술 가운데는 음악, 미술, 문학 등이 있는데, 문학에도 또 시며 희곡이며 소설이 있어요. 다른 학문들은 모두 실제——실용상 쓸 데 있는 것이지만, 예술이라는 것은 사람의 혼과 직접 교섭이 있는 존귀한 학문이에요."

문학소녀라는 칭호를 듣는 도가와는 여러 가지의 말로 예술——문학의 자랑을 연실이에게 들려주었다. 그러나 연실이로서는 그의 말을 알아듣지 못하였다. 다만 몹시도 귀하고 중한 문학이 예술이라는 뜻만 막연히 깨달았다. 그리고 단지 책을 읽기 때문에 자기가 이만치 감동되고 취한 것을 보면, 예사 보통의 학문이 아니라 생각되었다.

"긴 상, 조선에 문학이 있어요?"

도가와는 마지막에 이런 말을 물었다.

대체 예술이라는 말, 문학이라는 말이 금시초문인 위에, 연실이의 조선에 대한 지식이라는 것은, 조선말을 할 줄 알고 조선옷을 입을 줄 아는 것쯤밖에는 없는 형편이다. 한순간 주저하였다. 그러나 일찍이 조선은 오랜 역사를 가지고 오랜 문화 생활을 하였다는 이야기를 들은 연실이는,

"있기는 있지만……."

쯤으로 막연히 응하여 두었다.

"긴 상, 조선의 장래 여류 문학가가 되세요. 나는 일본 여류 문학가가 될게. 이 우리 학교는 하세가와 시구레라는 여류 문학가를 낳아서 문학과 인연 깊은 학교예요. 여기서 또 나하고 긴 상하고 다 일본과 조선의 여류 문학가가 됩시다."

문학소녀 도가와는 스스로 감격하여 눈에 광채를 내며 이런 말을 하였다.

연실이는 여류 문학가가 무엇인지, 문학이 무엇인지는 전혀 모르는 숫보기였다. 단 두 권의 소설을 읽어 보았을 뿐이었다. 그러나 이즈음 자기는, 조선 여성계의 선각자라는 자부심을 품기 시작한 연실이는, 장차 여류 문학가 노릇을 해서 우매한 조선 여성계를 깨우쳐 주어 볼까 하는 희망을 마음 한편 구석에 일으켰다.

단지 선각자라 하여도 무슨 일을 하여 어떻게 조선 여성계를 각성시킬지 전혀 캄캄하던 연실이는, 여기서 비로소 자기의 진로를 발견한 것이 아닌가 하는 생각이 들었다. 그리고 장차 배우고 닦고 하여서 도가와만큼 문학이라는 것을 알고, 그것으로써 선각자 노릇을 하리라 막연히나마 이렇게 마음먹었다. 도가와는 다시 연실이에게 스콧의 《아이반호》를 빌려주었다.

그러나 아닌게아니라, 《에일윈》에서 받은 감격은 그것을 다 읽은 뒤에

도 한동안 그의 머리에 뿌리 깊게 남아 있어서, 때때로 정신없이 그 생각을 하다가는 스스로 얼굴을 붉히고 정신을 차리곤 하였다.

《아이반호》는 이삼 일간은 당초에 진척이 되지를 않았다. 몇 줄 읽노라면 그의 생각은 어느덧 《에일윈》으로 뒷걸음치고 뒷걸음치고 하는 것이었다.

——아무 목표도 없이 동경으로 건너와서 아무 정견도 없이 선각자가 되리라는 자부심을 품었던 연실이는, 이리하여 도가와 모(아무개)의 덕으로 문학소녀로 변하여 갔다.

여름 방학에도 연실이는 제 집에 돌아가지 않았다. 돌아갈 그리운 집이 없기 때문이었다. 기숙사에는 북해도에서 온 학생 하나, 대만서 온 학생 하나, 연실이, 이렇게 단 세 사람이 남았다. 도가와는 여름 방학 동안에 보라고 꽤 여러 권의 책을 남겨 두고 갔다. 그러나 이제는 독서 속력도 꽤 는 연실이는, 도가와가 남겨 둔 책을 보름 동안에 다 보고, 그 뒤에는 도서관을 찾기 시작하였다.

그 해 가을과 겨울도 지나고 이듬해 봄이 된 때는, 연실이는 동경으로 처음 올 때(겨우 일년 반 전이다)와는 전혀 다른 처녀가 되었다.

우선 자부심이 생겼다. 조선 여성계의 선각자라는 자부심이었다. 선각자가 될 목표도 섰다. 여류 문학가가 되어 우매한 조선 여성을 깨우쳐 주리라 하였다. 문학의 정의도 이젠 짐작이 갔노라 하였다. 문학이란 연애와 불가분의 것이었다. 연애를 재미나고 자릿자릿하게 적은 것이 소설이고, 연애를 칭송하여 짧게 쓴 글이 시라 하였다.

일방으로 연애라는 도정을 밟지 않고 결혼하여 일생을 보내는 조선 여성을 해방(?)하여 연애할 줄 아는 사람으로 만드는 것이 선각자에게 짊어지운 커다란 사명의 하나이라 보았다. 그러기 위해서는 문학을 널리, 또 빨리 펼쳐야 할 것이라 보았다.

문학상에 표현된 바, 전기와 통하는 것같이 찌르르하였다는 연애와, 재미나는 소설을 읽은 뒤에 한동안 느끼는 감동도 동일한 감정이라 보았다.

　즉, 연애는 문학이요, 문학은 연애요, 그것은 다시 말하면 인생 전체였다.

　'인생의 연애는 예술이요, 남녀 간의 예술은 연애니라.'

　스스로 창작한 이 금언을 수신책 첫 페이지에 조선글로 커다랗게 써 두었다.

　이런 심경 아래서 문학의 길을 닦기에 여념이 없는 동안, 연실이는 문학과 함께 연애를 사모하는 마음이 나날이 높아 갔다.

　소녀 시기의 환경이 환경이었더니만치 연실이는 연애와 성교를 같은 물건으로 여기었다. 소녀 시기에는 연애라는 것은 모르고 성교라는 것이 남녀 간에 있는 물건이라고 믿고 있었는데, 지금 연애라는 감정의 존재를 이해하면서부터는, 그의 사상은 일단의 진보를 보여서 '남녀 간의 교섭은 연애요, 연애의 현실적 표현은 성교니라.' 하는 신념이 들게 되었다.

　그런지라, 그가 철모르는 시절에 무의미하게 잃어버린 처녀성에 대해서도 아깝다든가, 분하다든가 하는 생각보다도, 그 때 연애라는 감정을 자기가 이해하였더라면 훨씬 재미나고 좋았을걸 하는 후회뿐이었다.

　회상하여 그 때의 그 사내를 생각해 보면, 그것은 가장 표준형의 기생오라범으로, 게으름과 무지와 비열을 합쳐 놓으면 이런 덩어리가 생길까 하는 생각이 들 만한 보잘것없는 사람으로, 연실이에게는 손톱만치도 마음 가는 데가 없는 사람이었다. 그러나 문학은 즉 연애요, 연애와 성교는 불가분의 것으로 믿는 연실이는, 그 때 연애적 감정이 없이 그 사내와 가까이한 것이 적지 않게 분하였다. 한 번 함께 산보(이것이 초보적 행동이었다)도 못하고 함께 달을 쳐다보며 속살거리지도 못하고──이렇듯 어리석고 어리던 자기가 저주스러웠다.

그 봄(열일곱 살이었다)에 연실이는 《동경 유학생》이란 잡지에 시를 한 편 지어서 보냈다.

문을 닫아도
들어오는 월광
사랑은 월광이런가
월광은 사랑이런가
아아, 이팔 소녀의
가슴이 떨리도다

지우고 고치고 다시 쓰고 하여 겨우 이렇게 만들어서, 한 벌은 고이고 이 적어서 가방에 간수하고, 한 벌은 잡지사에 보냈다.

봄 방학 때쯤 발행된 그 잡지에는 연실이의 시가 육호 활자로나마 게재가 되었다.

지금 그는 여명기의 조선 여성에게 있어서 한 개 광휘 있는 별이라는 자부심을 넉넉히 갖게 되었다. 그 잡지 십여 권을 사서 자기의 본집과 그 밖 몇몇 동무에게 우편으로 보냈다.

문학의 실체인 연애를 좀더 알기 위하여 《엘런 케이》며 구리가와 박사의 저서도 숙독하였다.

새 학기에는 기숙사에서도 나왔다. 기숙사에서도 학생들끼리 동성의 사랑도 꽤 농후한 자도 있었지만, 연애라는 것은 이성에게라야 가질 것이라는 생각을 갖고 있는 연실이는, 그것을 옳게 볼 수가 없고 또는 자기가 몸소 나아가서 연애를 실현하기 위해서는 기숙사는 불편하기 때문이었다.

여자 유학생 친목회에도 자주 나갔다. 작년 입학한 직후 첫 회합에는 단순한 처녀로, 한 얌전한 규수로 참석하였지만, 차차 어느덧 자유 연애와 결혼(이것이 여성 해방이라 보았다)을 가장 맹렬히 주장하는 열렬한 회원으로 변하였다.

이론 방면으로 이만치 진보된 만치 실제로도 또한 연애를 하여 보려고 기회 포착에 노력하였다. 그러나 아직도 동경 유학생 간에는 남녀가 함께 회집할 수 있는 곳은 예수교 예배당밖에 없고, 남학생과 여학생 간에 교제가 그다지 성행치 못하던 때라, 기회 포착이 쉽게 되지 않았다.

여류 문학가가 되어서 선구자가 되기 위해서는 절대로 연애의 필요를 느끼는 연실이는, 이 좀체 포착되지 않는 기회 때문에 초조하게 지냈다.

그러다가 우연한 기회에 평안도 출생의 농과 대학생과 알게 될 기회를 얻었다.

금년에 들어서서 무척도 는 조선 여학생 가운데 한 사람을 찾아갔던 연실이는, 거기서 그 여학생의 몇 촌 오라버니가 된다는 농학생을 처음으로 본 것이었다. 나이는 스무 살이라 하나, 여자들 틈에서 몹시도 수줍어하여, 이야기 한 마디 변변히 하지를 못하였다.

그날 밤, 하숙에 돌아와서 연실이는 여러 가지로 생각하였다. 자기가 지금까지 읽은 소설 가운데서 연애하는 남녀가 처음 만난 장면을 모두 끄집어내어 가지고, 아까 그(이창수라 하였다)가 취한 태도는 어느 것에 해당할까 하고 생각하였다. 그리고 결론으로는 퍽 내심한 청년이 몹시 연애를 느끼기 때문에 그렇게도 수줍어하는 것이라 단정하였다.

자기도 그 청년을 보는 순간 퍽 기뻤다고 생각하고, 기쁜 가운데도 속이 떨렸다고 생각하고, 자기가 다른 곳을 볼 때 그 청년이 자기를 바라보면 자기는 몹시 가슴이 뛰놀리었다고 생각하고, 자기는 가슴이 이상하여 그를 바로 볼 기회도 없었다고 생각하고, 그와 함께 있는 동안은 감전된 것 같은 찌르르한 느낌을 받았다고 생각하였다.

요컨대 연실이는 어제 처음 만난 순간부터 이창수에게 연애를 느꼈고,

이창수 역시 자기에게 연애를 느낀 것이라 굳게 믿었다.

이튿날 하학한 뒤에 연실이는 이창수를 찾아보기로 하였다. 찾아가려고 제 하숙을 나설 때에 발이 썩 나서지는 못하였지만, 이것이야말로 연애하는 처녀의 당연하고 공통되는 감정으로, 서양 문호들도 모두 이 심리를 묘사한 것을 많이 본 연실이는, 이런 수줍은 감정을 극복하고 용감히 나아가는 것이 현대 신여성에게 짊어지운 커다란 사명이며, 더욱이 선각자로서는 마땅히 겪고 극복하여야 할 일로 알았다.

창수는 마침 하숙에 있었다.

연실이는 창수와 함께 산보를 나섰다. 여섯 조의 좁다란 하숙방에서 속살거린다는 것은 옛날 연애지 현대 여성의 연애가 아니었다. 시부야 교외로 나가서 무사시노 숲 위로 떨어지는 낙조를 보면서 그것을 찬송하며 한숨지으며 하여야 할 것이었다.

시부야의 신개지도 지나서 교외로 이 첫사랑 하는 남녀는 고요히 고요히 발을 옮겼다. 한 걸음 앞서서 가던 연실이가 머리를 수그린 채 뒤따르는 창수 청년을 보면, 창수는 역시 머리를 수그리고, 무슨 의무라도 이행하는 듯이 먹먹히 따라오고 있는 것이었다.

남녀는 어떤 언덕마루에 가서 앉았다.

"좀 쉬어요."

하면서 연실이가 두 사람쯤 앉기 좋은 자리에 한편으로 치우쳐 앉으매, 창수 청년은 연실이에게서 세 걸음쯤 떨어져 있는 조그만 돌멩이 위에 걸터앉았다.

연실이는 고요히 눈을 들었다. 바라보매 시뻘겋게 불붙는 낙조는 바야흐로 무성한 잡초 위로 떨어지려 하고 있다.

"선생님!"

연실이는 매우 부드러운 소리로 창수를 찾았다.

"네?"

"참 아름답지 않아요? 저 낙조 말씀이에요. 저 낙조가 형용하자면 무엇 같을까요?"

"글쎄올시다."

농학생 이창수에게 있어서는 그 낙조는 함지박에 담긴 붉은 호박 같았을는지도 모른다. 그러나 그런 형용도 좀 멋쩍어서 글쎄올시다 했을 뿐, 눈이 멀찐멀찐히 낙조를 바라보고만 있었다.

"방금 떨어질 듯 도로 솟을 듯 영화(신비한 불)가 하늘에서 춤을 추는 것 같지 않아요?"

"글쎄올시다."

그날 저녁 연실이는 창수의 방에서 묵었다. 그 하숙에서 저녁을 함께 먹고, 역시 연실이는 적극적으로, 창수는 소극적으로 이야기를 주고받고 하다가, 교외 전차가 끊어졌음을 핑계로 연실이는 거기서 밤을 지내기로 한 것이었다. 여기서 묵겠다는 말은 차마 하기가 힘들었지만, 선각자는 경우에 의지하여서는 온갖 체면이며 예의 등, 인습의 산물은 희생하여야 한다는 신념 아래서,

"아이, 전차가 끊어져서 어쩌나? 선생님 안 쓰는 이부자리 없으세요?" 하고 말을 던져서, 요행 여름철이라 안 쓰는 두꺼운 이부자리를 얻어서 육조 방에 두 자리를 편 것이었다.

자리에 들어서도, 인생 문제며 문학의 존귀성을 이야기하면서, 연실이는 차츰차츰 뒤채고 뒤채는 동안에, 창수의 이불 아래로 절반만치 들어갔다. '그것'까지 실행이 되어야 연애의 성립을 인정할 수 있는 연실이었다.

이튿날 아침 창수가 연실이에게, 자기는 고향에 어려서 결혼한 아내가 있노라고 몹시 미안한 듯이 고백할 때에, 연실이는 즉시로 그 사상을 깨

뜨려 주었다.

"그게 무슨 관계가 있어요? 두 사람의 사랑만 굳으면 그만이지, 사랑 없는 본댁이 있으면 어때요?"

명랑히 이렇게 대답할 때는, 연실이는 자기를 완전히 한 명작 소설의 주인공으로 여기었다.

그 하숙에는 창수 외에도 조선 학생이 두 명이 있었다. 연실이가 돌아간 뒤에 한 하숙의 다른 학생들에게 놀리운 창수는 변명으로 아마,

"뒤집어씌우는 걸 할 수 있나?"

이렇게 대답한 모양이었다. 갑자기 유학생에게 연실이의 이름이 높아지고, 그 위에 뒤집어씌운다 하여 거기서 일전하여 감투장수라는 별명이 며칠 가지 않아서 오백 명 유학생 간에 쭉 퍼졌다.

그러나 이런 소문이 있건 말건, 연실이는 환희와 만족의 절정에 올라섰다.

첫째, 선각자였다.

둘째, 여류 문학가였다.

셋째, 자유 연애의 선봉자였다.

문학가가 되고 선각자가 되기에 아직 일말의 부족감을 느끼고 있던 것이 자유 연애까지 획득하여 놓으니 이제는 더없는 구슬이었다.

어디를 내어놓을지라도——선진국 서양에 갖다 놓을지라도, 축박힐(흠 잡힐) 데가 없는 완전무결한 신여성이요 선각자로다! 연실이는 의심치 않고 믿었다.

아직도 그래도 좀더 희망을 말하자면, 창수가 좀더 적극적이요 정열적이요 '뒤집어쓰는 편'이 아니고 끌어당기는 편이면 하는 것이었다.

이 연애에 승리한 지 얼마 되지 않아서, 연실이는 지금껏 다니던 학교에 퇴학 원서를 제출하였다. 그리고 다른 사립 음악 학교에 입학을 하였

다. 음악이 예술인 까닭이었다. 그리고 그 학교가 동경에서 유명한 연애 학교(남녀 공학)인 까닭이었다.

9

음악 학교로 학적을 옮긴 뒤에 연실이는 두 가지로 마음이 매우 기뻤다.

첫째로는 그 학교의 남녀 학생 간에 연애가 매우 많은 점이었다. 연애를 모르는 조선에 태어났기 때문에 연실이는 연애의 형식과 실체(감정이 아니다)를 몰랐다. 그가 읽은 여러 가지 소설의 달콤한 장면을 보고 연애는 이런 것이거니쯤으로 짐작밖에는 가지 못하였다. 이창수와 몇 번 연애(?)를 하여 보았지만, 창수는 도리어 수동적인 편이라, 연실이 자기가 부리는 연애밖에는 구경을 못하였다. 선각자로서 당연히 연애를 알고 또는 실행하여야 할 의무감을 가진 연실이는, 자기가 현재 이창수와 연애를 하면서도, 일찍이 책에서 읽은 바와 상위되는 점을 늘 미흡히 생각하고, 혹은 실제와 소설에는 차이가 있는가 의심하던 차에, 이 학교에서는 눈앞에 소설에서 보는 바와 같은 연애를 수두룩히 보았는지라 이것이 기뻤다.

둘째로는 전문 학생이라는 자기의 지위가 기뻤다. 선각자로 자임하고서 선각자로서 조선의 깨지 못한 여성들을 깨우치려는 희망은 품었지만, 고등 여학교의 생도인 때는 전도가 감감한 느낌이 없지 않았다. 그런데 이 학교에 입학을 하고 보니, 이제 삼 년만 지나면 자기는 전문 학교의 출신으로, 어디에 내놓을지라도 뼈젓한 숙녀였다.

보랏빛 치마와 화려한 긴 소매와 뒷덜미에 나비 모양으로 맨 리본과 뾰족한 구두의 이 전문 학생은, 악보를 싼 커다란 책보를 앞으로 받치고 동경 바닥을 활보하였다.

단지 이 처녀에게 있어서 아직도 불만이 있다 하면, 그것은 애인 이창수의 태도가 너무도 소극적인 점이었다. 로미오인 이창수가 줄리엣인 연실 자기의 창 아래 와서 연가는 못 부를지언정, 적어도 이 근처에 배회하기는 하여야 할 것이었다. 찾아오기가 바쁘면 하다못해 편지라도 해야 할 것이었다. 적어도 소설에 있는 연애하는 청년은 그러하였다. 그럼에도 불구하고 찾아오기는커녕 이편에서 찾아갈지라도 맞받아 나오면서 쓸어안고 키스를 하고 해 주지조차 못하고 싱그레 웃고 마는 것은, 연실이의 마음에 적지 않게 불만하였다.

10

그 해 크리스마스 방학이었다.

연실이는 오래간만에 최명애를 찾아가 보았다. 처음 동경 올 때는 까아만 선배로 동경을 그에게 배우려 한 적이 있었지만, 이제는 자기는 열여덟(눈앞에 아홉을 바라본다)이요 그는 스물하나로, 옛날 진명학교 시대와 마찬가지인 한낱 동무였다. 그 위에 '그도 연애를 하는가?' 하는 의심점이 있기 때문에, 잘못하면 자기보다도 약간 세상 철이 부족할지도 모르겠다는 자긍심까지도 품고 있는 연실이었다.

"언니!"

여전히 부르기는 이렇게 불렀으나, 이제는 선배 후배가 아니요, 단지 나이가 약간 더 먹은 동무일 따름이었다.

거의 연애라는 것을 '문명한 인종이 반드시 밟아야 할 과정' 쯤으로 믿고 있는 연실이는, 그 날 서로 시시덕거리며 잡담을 하다가 이런 말을 하였다.

"언니, 참 옛날 여인들은 어떻게 살았겠수?"

"왜?"

"연애 한 번두 못해 보구⋯⋯."

명애는 여기서 한 번 크게 웃었다.

"하하하하! 저리더냐, 재리더냐?"

"아찔아찔합디다."

"그것만?"

"오금이 녹아 옵디다."

"에끼, 망할 기집애! 한데 너 뒤집어씌웠다구 소문이 자자하더구나?"

뒤집어씌워? 남녀 학생 간에 소문은 높았던 바지만, 연실이의 귀에까지는 아직 오지 않았던 바라 뜻을 알 수가 없었다.

"그게 무슨 말이우?"

"듣기 싫다!"

"참말⋯⋯. 그게 무슨 말이우?"

명애는 의아히 잠깐 연실이의 얼굴을 보았다. 그런 뒤에 설명하였다.

"아 네가 능동적이란 말이지. 네가 사내를 ×단 말이지."

"언니두!"

연애의 과정으로 당연히 밟은 과정이라는 신념은 가지고 있었지만, 이렇듯 지적을 받으매 연실이는 아뜩하였다.

"그런데 얘!"

"⋯⋯."

"내 언제 너 조용히 만나면 이야기할려구 그랬다마는, 청춘 남녀가 연애야 안하겠니마는, 연애를 한 대두 신성한 연애를 해라."

순간적 부끄러움 때문에 머리를 수그렸던 연실이의 귀에도 이 말은 들어갔다. 소설에서 많이 읽은 바였다. 그러나 어떤 것이 신성한 연앤지는 실체를 아직 연실이는 알지 못하였다. 소설에 그런 대목이 나올 때마다,

다시 읽고 다시 읽고 하여 실체를 잡아 보려 노력하였지만, 어떤 것이 신성한 연애인지 알 수가 없었다.

"청춘 남녀 누구가 연애를 안하겠니마는 신성한 연애를 해야 한다."

"언니, 어떤 것이 신성한 연애유?"

연실이는 드디어 물었다.

"얘두! 그럼 너 여지껏 뭘 했니? 남녀가 육교를 하지 않고 사랑만 하는 게 신성한 연애지. 말하자면 서로 마음과 마음이 통해서 사랑하고 사랑받고 하는 게 신성한 연애가 아니냐."

이것은 연실이에게는 새로운 지식인 동시에 이해하기 어려운 일이었다. 만약 명애의 말로서 옳다 할진대, 이창수와 자기와의 것은 무엇으로 해석을 할 것인가? 마음과 마음이 서로 통한다 하면, 자기와 이창수는 전혀 마음이 통치 못하였다.

소설이면 《엘런 케이》와 구리가와 박사의 말에는 그런 뜻이 있었던 듯싶다. 그러나 사람의 사회에 실제로까지 그런 꿈의 나라가 있으리라고는 연실이에게는 믿어지지 않았다.

그 날 명애는 이런 말도 하였다.

"내 애인은 말이다, 지금 W대학 문과에 다니는 사람이야. 본시 송안나――너도 알지? 그 여자 친목회 회장 말이다. 그 송안나하구 이러구 저러구 하던 사람이란다. 그걸 내가 알았지. 첨에는 송안나, 그 담에는 최××, 또 그 담에는 박××, 그걸 내가 알았구나. 말하자면 최후의 승리자지."

그리고 그 열변과 엄숙한 표정으로 친목회에서 지도자 노릇을 하던 송안나도 연애 찬미자의 한 사람이라는 것이 기이해서, 연실이가 물어본 때에 그는 이렇게 대답하였다.

"얘, 너두 철이 있느냐, 없느냐? 이 동경 여자 유학생치구 애인 없는 사람이 어디 있다니? 옛날 구식 여자는 모르겠다만, 신여성치구 애인 없이 어떻게 행세를 한단 말이냐?"

누구는 누구가 애인이고 누구는 누구가 애인이고, 한참을 꼽아 대었다.

연실이는 그러려니 하였다. 이 동경까지 와 있는 선각 여성이 자유 연애도 하지 않고 어쩔 것이냐? 사실에 있어서 연실이는 최근엔 단지 이창수뿐만 아니라, 음악 학교에 다니는 여러 남학생들과 단 하룻밤씩의 연애를 하고 있었다. 한 사내와만 연애를 한다 하는 것조차, 그에게 있어서는 유치한 감이 없지 않은 것이었다.

11

크리스마스 방학도 끝나고 개학이 된 지 며칠 뒤의 일이었다.

그 날은 연애할 대상도 구하지 못해서 하학한 뒤에 곧 집으로 돌아오매, 그의 책상에는 우편물이 하나 놓여 있었다. 잡지였다. 뜯어 보니 동경 유학생의 기관 잡지인 《×××》였다.

먼젓번 호에 문틈으로 스며드는 달빛을 노래한 시를 이 잡지에 보내어 채택이 된 연실이는, 그 다음에도 또 한 편 보냈던 것이었다. 그것이 났는지 어떤지를 알아보기 위해서, 연실이는 옷도 갈아입지 않고 즉시 봉을 뜯었다.

무식한 그 잡지의 편집인은 연실이의 시를 몰서(글을 싣지 않음)하여 버렸다. 그래서 목록의 아래의 이름만 읽어 보아 자기의 이름이 없으므로 불쾌감이 일어나서 책을 접으려 할 때, 제목란에 계집 녀 자가 걸핏 보이는 듯하므로 다시 주의하여 거기를 보매, 거기에는,

'여자 유학생에게 경고하노라'

하는 제목이 있었다.

무슨 이야긴가 호기심이 났다. 책으로서는 자기의 명작시가 발표되지 않았으므로 불쾌하기 짝이 없는 잡지였지만, 그 제목의 페이지를 뒤적여서 펴 보았다.

첫 줄에서 연실이의 얼굴은 검붉게 되었다.

'××음악 학교에 다니는 모 양은……' 운운으로 시작한 그 글은, 연실이와 이창수와의 사이의 소위 '뒤집어씌운' 이야기를 폭로시키고, 이런 음탕한 여자가 동경에 와 있기 때문에, 다른 학생들에게도 물들 뿐 아니라, 더욱이 고향에 계신 학부형들은 딸을 동경으로 유학 보내기를 무서워한다는 뜻을 쓰고, 이어서 이런 더러운 학생은 마땅히 매장하여 버리는 것이 유학생의 의무라고 많은 '!' 며 '?'를 마구 나열해 가지고 두 페이지나 늘어놓았다.

읽는 동안 연실이의 얼굴은 검게 되었다 붉게 되었다, 찌푸려졌다 찡그려졌다, 별의별 표정이 다 나타났다.

읽으면서 동댕일 치고 싶었다. 그러나 끝까지 다 읽고야 말았다. 다 읽고 나서는 드디어 동댕이쳤다.

무엇이라 형용할 수 없는 감정이었다. 억분하다 할까 노엽다 할까, 부끄럽다 할까, 얼굴이며 손발의 근육이 와들와들 떨렸다. 머리로써는 아무 것도 생각지를 못하였다.

한 시간, 아마 두 시간도 넘어 지났겠지. 집주인 마누라가,

"긴 상 저녁 안 잡수세요?"

하고 들어올 때야 연실이는 비로소 자기의 이성을 회복하였다.

이성이라 하나 지극히도 흥분된 이성이었다.

"그만둬요."

저녁이 입에 달지는 않을 것이므로 거절함에 있어서 이런 거절까지 않아도 좋을 것이거늘, 연실이는 이런 악의 품은 거절을 한 것이었다.

어떤 노염일까? ××음악 학교에 다니는 조선 여학생은 자기밖에 없다. 그런지라, 누구든 이 글을 읽기만 하면 거기 쓰인 모 양이라는 것은 자기를 지적한 것임을 알 것이다.

처녀 십팔 세(새해에 열아홉)는 손톱눈만한 일에라도 부끄러워하는 시절이라 하나, 연실이는 요행 부끄럼에 대한 감수성은 적게 타고난 사람이었다.

그 대신 분하였다. 글자가 표현할 수 있는 가장 악의로 찬 욕을 퍼부은 것이었다. 이것이 분하였다.

어때? 그럼. 이만 뱃심이 없지 않았다. 그 글의 필자가 아직 구사상에 젖은 유치한 녀석이라는 경멸감도 물론 났다. 자유 연애를 이해하지 못하고 이렇듯 어리석은 소리를 흥얼거리는 숫보기라는 우월감(자기에게 대한)도 섞이어 있었다. 그런지라, 욕먹은 내용——사실에 대해서는 연실이는 천상천하 부끄러운 데가 없었다. 이 정정당당하고 가장 새롭고 가장 선각적인 행동을 욕하는 자의 어리석음이 미웠고, 그런 것에게 욕먹은 것이 분하였다.

두 시간, 세 시간 동안을 분한 감정 때문에 몸만 떨고 있던 연실이는, 밤이 차차 들어감에 따라서 얼마만치 머리도 식어 가며, 식어 가느니만치 대책도 생각났다. 어떻게든 거기 대하여 항의를 하여야 할 것이다.

글로?

말로?

항의문을 그 잡지사에 써 보내어 자기를 욕한 필자의 무식을 응징하나, 혹은 그 사람을 찾아가서 도도한 웅변으로 그의 구식 두뇌를 깨쳐 주나?

자리에 들어서도 그 생각을 하고 또 하고 한 끝에, 연애라 하는 일에 퍽 이해를 가진 최명애를 찾아가 그와 의논하여 어떻게든 결정하리라 하였다.

이튿날 이른 새벽에 연실이는 자리에서 일어났다. 조반도 먹지 않고 하숙집에서 나왔다. 최명애를 찾기 위해서였다.

최명애의 하숙(영업적 하숙이 아니라 사숙이었다)에 들어서서 주인 마누라에게 '오하요'를 부른 다음에, 연실이는 서슴지 않고 명애의 방으로 갔다. 당황히 따라오는 주인 마누라의 눈치도 못 보고——

장지문을 쭉 밀어 열었다.

……?

연실이는 도로 장지문을 닫아 버렸다. 명애 혼자인 줄 알았던 방에 명애는 웬 남학생과 함께 자고 있다가, 이 침입자 때문에 번쩍 눈을 뜨는 것이다.

"누구?"

방 안에서 명애가 침입자의 정체를 캐면서 일변으로는,

"긴 상, 인젠 일어나요. 누구 왔어요."

하며 연애의 상대자를 흔드는 모양이었다.

연실이는 멍하였다. 자기의 취할 거취를 몰랐다. 돌아가자니 싱거웠다. 들어가자니 어려웠다. 이미 이런 일은 처음 당하는 일이 아닌 연실이라, 부끄럼이라든가 거기 유사한 감정은 느끼지 않았지만, 일전에도 '신성한 연애'를 운운하던 명애의 자리에서 사내를 발견하였는지라 잠시 뚱하였다.

"누구야?"

"나!"

드디어 대답하였다.

"연실이로구나! 긴 상, 어서 일어나요. 연실이 조금만 있다가 들어와."

그런 뒤에는 안에서 일어나서 옷을 가다듬는 듯한 버석거리는 소리가 들렸다. 그러기를 사오 분이나 하고 나서,

"됐어. 들어와."

하고 청을 하였다.

연실이는 들어갔다. 내어 주는 자리에 앉았다.

"새벽에 웬일이야? 응 소개해야겠군. 이 이는 대학에 다니시는 김××
씨, 이 애는 늘 말씀드린 연실이……."

연실이는 가볍게 머리를 숙였다. 김 모라는 학생은 연방 교복 단추를
맞추면서 허리를 굽실하였다.

"헌데 새벽에 웬일이야? 이 상(이창수)네 하숙에서 오는 길이냐?"

"아냐."

연실이는 부인하였다. 부인하며 얼핏 김 모라는 학생을 보았다. 처음은
송안나의 애인, 그 다음은 누구의 애인, 또 그 다음은 누구의 애인, 이리
하여 지금은 최명애의 애인이 된 그 학생은, 그의 염복(아름다운 여자가 잘
따르는 복)적 눈을 들어 연실이를 보고 있는 것이었다.

그 날 김 모는 학교에 가야겠다고 조반 전에 돌아갔다. 사립 여자 전문
학교에 다니는 두 처녀는, 오늘은 학교를 집어치기로 하고 김 모가 돌아
간 뒤(세수도 안하고) 자리에 도로 들어가 누웠다.

연실이가 가지고 온 잡지를 내어 들고, 명애에게 자기의 분함을 하소연
하고 그 대책을 의논할 때에, 명애는 그 따위 문제는 애당초 중대시하지
도 않았다.

"거기 어디 김연실이라고 이름을 밝히기라도 했니?"

"밝히진 않았어두 ××음악 학교 학생이라면 이십여 유학생 중 나밖에
어디 있수?"

"긁어 부스럼이니라. 우습지 않니? 김연실이라구 밝히지두 않았는데,
김연실이가 웬 까닭으루 나 욕했소 넘하구 덤벼드느냐 말이다. 애, 수
가 있느니라. 이렇게 해라."

"어떻게?"

"아까 그 긴 상 말이야. 긴 상두 ××회(유학생회) 감찰 부장이란다. 그 긴 상이 말야, 내가 요전에 ××학교에 다니는 강 상이라는 학생하구 이렇구저렇구 할 때, 뭐 유학생에게 풍기를 문란케 하느니 어쩌니 해 가지구 매장을 한다 어쩐다 야단이란 말이지. 그래서 그 긴 상의 내막을 알아보니, 자기도 그 송안나하고 그 꼴이지. 그래서 말이로다. 만일 긴 상이 참말루 샌님 같은 사람이라면 할 수 없지만, 자기도 그러는 이상에 무슨 낯으로 큰 말이냐 말이다. 그래서 이 여왕께서 찾아가 주었구나. 한 번 비벼대 줄 셈이었지. 그랬더니 '곤냐쿠'란 말이지. 흐늘흐늘──지금 애인이 되지 않았니?"

연실이는 멍하니 명애를 보았다. 경이라는 것을 모르는 연실이는 놀랄 줄을 모른다. 감동이라는 것을 모르는 연실이는 감동할 줄도 모른다. 그러나 이 이야기는 연실이에게는 다만 예사로운 이야기는 아니었다.

"언니, 그럼 난 어떡하면 좋수?"

"너도 나같이 그──너 욕한 사람 말이다. 그 학생을 찾아가려무나. 상판때기에 분칠이나 곱게 하구 연지나 찍구 찾아가서, 이건 왜 이러우 하구 한 마디만 턱 던지구 생긋 웃어만 보려무나. 그러면 나 잘못했소, 여왕님! 하구 네 발 아래 꿇어 엎드리지 않으리."

"그러면?"

"그러면 됐지. 그 뒤가 있을 게 뭐람? 그러면 그 모 도학 청년이 네 애인이 되지."

"이 상은 어쩌구?"

"차 버리려무나. 차 버리기가 아까우면 애인 두어 개 두구……."

"언니, 남자란 여자를 보면 그렇게두 오금을 못 쓰우?"

"맛이 좋거든."

"맛이 좋단, 어떻게 좋수?"

"그게야 남자가 아니구야 어떻게 알겠니마는, 여자는 또 남자를 보면 그렇지 않더냐? 아유, 흥흥."

명애는 무엇을 생각함인 듯이 힘있게 연실이를 끌어안고 신음하면서 꺽꺽 힘을 주었다.

"언니, 내 진정으로 말한다면 나는 어디가 좋은지 몰라. 소설에 보면 말도 마음먹은 대로 못하고 애인의 얼굴두 바루 못 본다는 둥 별별 신비스러운 이야기가 다 있는데, 나는 아무리 그렇게 마음먹으려 해두 진정으로는 안 그래. 웬일일까? 그게 거짓말인가?"

"그건 모르겠다만, 애 잠자리 맛이란……. 아유 흥흥. 아유 죽겠다."

"잠자리 맛이란 것두 따루 있수?"

"아이 망칙해. 우화등선(사람이 신선이 되어 하늘로 올라감) 천하 제일 감. 너 것두 아직 모르니?"

"몰라."

"그럼 이 상허구 뒤집어씌기는 어떻게 했느냐?"

"그게야 그럭허는 게니 그랬지."

"얘두, 그럼 너 불구자로구나?"

단지 사내와 여인——애인끼리 그런 노릇을 해야 하는 것으로 알고 있는 연실이에겐 이 말은 알지 못할 말이요, 겸하여 불안스러운 말이었다.

그는 이 날 명애에게서 '성'에 대한 여러 가지의 지식을 알았다. 하늘은 종족의 단멸을 막기 위해서 성교에 특수한 쾌감을 주어, 이 쾌감 때문에 종족이 끊기지 않고 그냥 계속된다는 이야기며, 과부가 수절을 못하는 것은 이 쾌감을 잊을 수 없어서 그렇게 된다는 이야기 등을 듣고, 그로 미루어 보자면 그것은 상식으로 판단키 힘들 만치 유쾌로운 일인데, 아직 그것도 모르는 자기는 적지 않게 부족된 사람인 듯싶고, 이 때문에 마음도 적지 않게 무거웠다.

명애는 연실이에게 대해서 장차 그 남학생(잡지에서 욕한)을 찾아가는 경우에 그와 대응할 책략을 여러 가지로 가르쳤다. 결코 이렇다저렇다 싸우지 말라 하였다.

"이건 왜 이러세요?"

이 한 마디만으로 웃기만 하라 하였다. 손님이 왔으니 과일이라도 사 오라고 명령하라 하였다. 그리고 당신과 같은 장차 조선의 지도자가 될 사람이 왜 그리 사상이 낡으냐고, 산보를 청하고 활동사진 구경을 동반하고——그리고 마지막에는 네 하숙으로 끌고 들어가라 하였다.

그로부터 수일 후, 연실이는 명애의 지휘가 너무도 정확히 들어맞으므로 도리어 놀랐다. 연실이가 찾아왔다는 하숙 하녀의 보고를 들을 때에, 그렇게도 울그럭불그럭하였고 서로 대좌하여서도 눈을 통방울같이 굴리던 그 남학생이,

"이건 왜 이러세요?"

의 한 마디에 멋쩍은 듯이 좀 누그러지고 그 다음에,

"과일이나 부르세요."

할 때에 하녀를 불러서 과일을 사 왔고, 그 다음에는,

"하나 드십시오."

라는 권고가 그의 입에서 먼저 나왔다. 산보를 청할 때는 얼굴에 희색이 나타났고, 활동사진을 구경한 뒤에 집에까지 바래다 달라니까 분명히 흥분까지 되었고, 잠깐 들어오기를 청할 때에 열쩍은 듯이 따라 들어왔고, 시간이 늦어서 마지막 전차까지 끊어지매 도리어 저쪽에서 기괴한 뜻을 암시하였고…….

이리하여 연실이는 또 한 사내의 애인을 두게 되었다.

새 애인의 이름은 맹호덕이었다.

연실이가 새 애인을 둔 뒤에 이전보다 기쁨을 느낀 것은, 맹은 이전 이창수와 같이 소극적이 아니었다.

역시 ××회의 회집이 있을 때마다 단상에 올라서서 조선 청년의 갈 길을 부르짖고, 학생계의 나약과 타락을 통탄하고 '우리'의 중대한 임무를 사자후하곤 하였지만, 그러한 적극성이 있느니만치 연실이에게 대해서도 적극적으로 따라다니고 불러내고 호령하고 명령하곤 하였다.

연실이의 마음은 차차 맹에게로 기울지 않을 수가 없었다.

"이것이 진정한 연애로다."

연실이는 이것으로써 비로소 자기는 진정한 연애를 하는 사람으로 믿었다. 그리고 이제는 온갖 점이 다 구비된 완전한 조선 여성계의 선구자라하는 신념을 더욱 굳게 하였다.

'갈 길을 몰라서 헤매는 일천만의 조선 여성에게 광명을 보여 주기로 단단히 결심하였습니다.'

과거 진명학교 시대의 동무에게 자랑삼아 한 편지 가운데 이런 구절이 있었다.

12

수없는 인명과 수없는 재물과 수없는 인류의 보화를 삼키고 제일차 세계대전이 종식되었다.

일본도 이 전쟁에 참가는 하였다. 하나 겨우 동양의 한구석 교주만 근처에서 퉁탕거려 보고 의식적으로 불란서 전선에 군대를 약간 보내어 본뿐, 물질적으로 손해가 극히 적었다.

그 대신 이 전쟁 때문에 얻은 이익은 지극히 컸다. 지금껏 온갖 약품이며 기계를 독일서 수입하던 것이, 독일과 국교 단절을 한 관계상, 자작자

급을 하지 않을 수 없게 되어서 과학계의 발달이 놀라웠다. 유럽에서는 전쟁으로 덤비느라고 일용품조차 제 나라에서 만들지 못하는 관계상, 미국이며 일본 등에 주문하여다가 쓰게 되니만치 무역상의 이익이 놀랍게 되었다. 해운으로 굴러들어온 돈도 막대하였다. 위체 관계로 얻은 이익도 막대하였다.

그러나 이런 적지 않은 이익의 반면에는 손해도 또한 없을 수가 없었다.

과도한 자유주의와 사치——이것이 가장 눈에 띄는 악영향이었다.

서양 문명의 겉물 핥기——이삼 년 전까지만 하더라도 도리우치(사냥모자)를 쓰는 학생이 없었고, 금단추 이외에는 쓰메에리(선 깃) 양복이 쉽지 않았고, 학생이 세비로(신사복)를 안 입던 동경이 갑자기 변하여, 십팔구 세만 되면 세비로 한 벌을 장만하고, 여학생들은 새빨간 '하오리'를 휘날리고 여자 양복도 드문드문 보이게 되었다.

서양 문명의 겉물을 핥는, 또 그 겉물을 연실이는 핥았다.

아무 속살을 모르는 단지 겉만 흉내내면서 어제보다는 오늘, 오늘보다는 내일, 이렇게 나날이 변하고 있었다.

그러나 그의 속알맹이는 그 몇 해 전 '베개를 내려 오라'면 내려 오던 그 시절에서 한 걸음도 진척된 바가 없었다.

조선 신문화는 대개 동경 유학생의 힘으로 건설되었고, 문화의 제일 과정은 자유 연애였다.

연실이가 장차 조선에 돌아가면 건설하려던 조선 신문학은 연실이가 돌아올 때까지 기다리지 못하고 아직 동경 유학할 동안에 싹이 트기 시작하였다. 이고주라는 청년 문학도가 혜성과 같이 나타났다. 이 청년 문학도가 문학이라는 무기를 이용하여 처음 부르짖은 것이 자유 연애였다.

이 현상은 연실이로 하여금 더욱더 연애와 문학은 불가분의 것이라는 신념을 굳게 하였다.

이러는 동안에 최명애는 연실이보다 일 년 앞서서 졸업을 하고 동경을 떠나게 되었다. 송안나는 최명애보다도 일 년 전에 귀국하였다.

명애가 귀국할 날짜가 거의 가까운 어느 날, 연실이는 명애의 하숙을 찾아갔다. 오래간만이었다. 서로 연애에 골몰할 동안은 동무를 찾을 겨를도 과연 없었다.

"아이, 오래간만이구나!"

"언니 졸업턱 받으러 왔어."

이런 인사로써 둘은 마주 앉았다.

여자들끼리 만나면 으레 나오는 쓸데없는 이야기가 한참 돈 뒤에 연실이는 이런 말을 물어보았다.

"언니, 귀국해선 무얼 하겠어?"

이 질문에 명애는 눈가에 명랑한 미소를 띠고 잠깐 연실이의 얼굴을 본 뒤에 대답하였다.

"시집가련다."

"시집을?"

"그래, 우스우냐?"

"턱은 대었수?"

"글쎄, 누구한테 갈지 갈팡질팡일세. 돈 있는 작자는 시부모가 있구, 단칸살림은 돈이 없구, 너무 잘난 녀석은 휘어잡기 힘들구, 너무 못난 녀석은 셋샤(자기라는 뜻) 마음에 안 들구……."

그런 뒤에 명애는 최근 삼사 년간에 졸업하고 귀국한 남학생을 한 오륙십 명 꼽아 대었다. 그 가운데 세 사람은 명애하고 특별한 관계가 있던 것을 연실이도 안다. 그로 미루어서 나머지들도 다 그렇고 그런 사람들일 것이다.

"어디 네가 간택을 해 봐라. 누가 제일 낫겠니?"

"내가 아우? 아재 간택하는 법두 있수?"

"하하하하! 너 고창범이라구 알지?"

알기뿐이랴. 연실이두 한두 번 명애 몰래 만나 본 일이 있는 W대학 문과 출신의 서울 사람이었다.

"셋샤 마음에는 고창범이가 가장 드는구나."

싱거운 사내였다. 호인 이상은 보잘데가 없는 사람이었다.

"고씨가 지금 어디 있수?"

"Y전문학교 문과 교수라네."

"부잔가?"

"저 먹을 게나 있지. 조금 덜난 편이지만……."

"그 사람 어디가 마음에 드우? 난 원 시원치 않소."

"그렇기에 내 마음에 들지. 네나 내나 시원한 남편 아래서 살 수 있을 것 같으냐? 안 될 말이지."

"난 귀국해서두 시집은 안 가겠수. 사내라는 건 도대체 한 달만 가까이 지내 보면 벌써 부려먹으려 덤벼드는걸. 시집까지 가 주면 영 종노릇 하게?"

"그도 그래. 하긴 그래두 늙으면 자식 생각 난다더라."

"시집 안 가군 새끼 못 낳수?"

"예끼, 화냥년!"

그 때 연실이는 임신 삼 개월이었다. 따져 보아도 누구의 종자인지는 분명치 못하였다. 그래서 때때로 이것을 뉘게다 책임을 지울까고 생각하고 하던 중이었다.

지금껏 진실한 의미로의 인생을 밟아 보지 못한 이 처녀들은 인생의 근심을 몰랐다. 인생의 가장 중대한 일을 가장 가볍게 여기고, 웃음과 희롱 가운데서 해결하려는 것이었다.

  그날 낮에 놀러 갔던 연실이는 밤이 깊어서야 제 하숙으로 돌아왔다. 입덧이 나기 때문에 식성이 까다롭게 된 연실이는, 제 하숙의 낯익은 음식보다 '자루소바(메밀국수)' 두 그릇을 참 맛있게 먹었다.

13

  그 해 여름부터 가을에 걸쳐서 연실이의 아버지에게서 여러 장의 편지가 왔다.

  첫 장은 꼬리표가 다섯이나 붙어서 겨우 연실이의 지금 하숙을 찾아온 것이었다.

  수년간을 한 장의 편지도 않던 딸에게 갑자기 뒤따라 편지를 하는 데는 그럴 만한 곡절이 있었다.

  연실이에게 시집을 가라는 것이었다. 신랑의 나이는 연실이와 동갑, 소실의 자식이나 사람 똑똑하고, 한 삼백 석내기 물려받은 것도 있고, 중학교를 졸업하였다 하는 것이었다.

  그 때 배가 남산만하게 되어 학교도 쉬고 하숙도 옮기고 있던 연실이는, 첫 편지에는 귀찮아서 자기 주소만 알리고 편지 내용에 대해서는 묵살하는 뜻으로 씁쓸히 한 자도 언급치 않았다.

  둘째 편지에는 그런 젖비린내 나는 아이에게 시집이 다 뭐냐는 배짱으로 답장도 안하였다.

  셋째 편지는 방금 연실이가 몸을 푼 이튿날 배달되었다. 여전히 회답도 안하였다.

  몸을 푼 지 한 달이 지나서 외출을 할 수 있게 된 때, 연실이는 갓난애(사내애였다)의 아버지 후보자 중의 한 사람인 맹호덕이와 함께 어린애를 붙안고 놀러 나갔다. 나갔던 길에 셋(갓난아이까지)의 사진을 찍었다.

며칠 후 사진을 찾아다 보니, 정녕 내외가 아들과 함께 찍은 사진이었다.

"어때요, 맹 상?"

이 말에 맹은 서슴지 않고 대답하였다.

"오라범, 누이. 누이의 사생아——."

"예끼!"

"하하하하!"

물론 이 사진은 방에 장식하든가 맹과 자기가 나누어 가지고 기념하든가 하려는 목적으로 찍은 것이 아닌지라, 의리상 맹에게 한 장 주고 자기가 두 장은 맡아 두었다.

공교롭게도 사진을 찾아 온 이튿날, 고향에서는 또 혼사 의논의 편지가 왔다.

여기 대해서 연실이는 회답 대신으로 사진을 아버지에게 보냈다. 무언의 거절이었다. 저는 벌써 인처요 자식까지 있습니다, 하는 뜻이었다.

과연 이 사진을 보낸 다음부터는 다시 편지 왕래가 끊어졌다.

연실이는 제이학기 한 학기를 병을 칭탁(핑계를 댐)하고 쉬었다.

제삼학기부터는 애는 유모 주고 다시 학교에 다녔다. 삼학기 한 학기로 연실이도 '전문학교 졸업생'이 되는 것이었다.

14

세계 대전쟁의 여파가 온 세계에 가지가지로 일어나는 가운데, 자유주의 나라인 미국이 던진 몇 개가 꽤 세계를 소란케 하였다.

가로되 국제 연맹, 가로되 민족자결주의, 가로되 무엇, 가로되 무엇——.

이 가운데 민족자결주의라 하는 여파는 조선 반도도 한동안 흔들어 놓았다.

연실이가 몸을 푼 뒤에 산후도 깨끗하여 삼학기부터 학교를 가려고 준비할 때부터, 동경 유학생 간에도 적지 않은 동요가 일었다. 제삼학기 초부터는 동요도 꽤 커 갔다. 경찰로 붙들려 가는 사람도 적지 않았다. 연실이의 아기의 가정(임시로 정함) 아버지 되는 맹호덕이도 이런 일에는 참견하기를 좋아하는 사람이라, 끼리끼리서 밤을 새워 가면서 수군거리며 돌아갔다.

조선의 신문학도요 겸하여 조선의 연애 교사인 이고주도, 동경으로 건너왔다가 무슨 글을 하나 지어 놓고 재빨리 상해로 달아나고, 남은 사람들은 그 글을 인쇄하여 유학생 간에 돌리고 모두 사법의 손에 붙들렸다. 독립 선언서였다. 첫 봉화는 동경서 들리었다.

그러나 그 일은 연실이의 생활이며 감정이며와는 아무 관련이 없었다. 무슨 일인지도 이해하지 못 하였다. 그리고 삼학기를 시작하였다.

삼학기도 끝나고 내일 모레면 졸업식이라 하는 삼월 초하룻날, 온 조선에는 무슨 중대한 일이 폭발된 모양이었다. 그러나 그것이 문학과 관계없고 연애와 관계없는 이상에는 역시 연실이의 아랑곳할 것이 못 되었다.

졸업하고 곧 서울로 돌아가려던 예정이었다.(고향인 평양 따위는 벌써 잊은 지 오랜 연실이었다.) 그러나 조선 안이 꽤 소란스러운 듯하므로, 연실이는 그 음악 학교에서 작곡과를 일 년간 더 하고 조선이 좀 안돈된 뒤에 돌아가기로 하였다.

삼월 초하룻날의 소란은 조선에 꽤 커다란 결과를 주었다. 사내(데라우치) 총독의 무단 정치를 그대로 답습한 장곡천(하세가와) 총독은, 경성 시내에 장곡천정이라는 정명 하나를 남겨 놓고 갈려 가고, 재등 실(사이토

마코토)이 새 총독으로 오게 되었다. 그리고 삼월 초하루의 소란은 무단 정치에 대한 반항이라 하여 문화 정치라는 깃발을 내세웠다. 그 덕에 지금껏 탄압하던 출판계가 좀 완화되어 신문·잡지, 그 밖 서적들이 뒤이어 나타났다. 동시에 신문학의 싹도 차차 완연하여 갔다.

이러한 현상을 바라보는 연실이는 그냥 편안히 동경에 있을 수 없었다. 작곡과 일 년간을 황황히 마친 뒤에 연실이는, 행장을 가다듬어 가지고 다시 조선으로 돌아왔다. 어린애는 '사도코(남에게 맡겨 기름)'로 주었다.

어서 돌아가서 선각자의 자리를 남에게 앗기우지 않아야겠다는 생각 때문에, 어린애 같은 것은 달고 다닐 수가 없었다. 온갖 방면으로 조선 선구녀형의 표본인 연실이는 자식에게 가질 모성애라는 것도 결핍된 사람이었다.

연실이가 서울로 귀환한 때는 조선에도 두어 파의 젊은 문학도들이 생겨 있었다. 이 문학도들의 전기생이요 겸하여 조선 연애 교수인 이고주는, 아직 상해에 피신해 있는 채 돌아오지 않았다.

15

"당추 고추 맵다더니 시집살이 더 맵구나. 언니, 시집살이 재미가 어떻수?"

연실이가 서울로 와서 찾아든 곳은 명애의 집이었다. 명애는 고창범이와 결혼을 하고 이 도회 서부 어떤 고지대에 한양 절충식의 문화 주택을 짓고 살고 있었다.

명애의 집에 들어 짐을 대강 정리한 뒤에 연실이는 그렇게 물었다.

"야, 미나리 고쳐야겠더라. 청밀사탕 달다더니 시집살이 더 달더라구."

"그렇게 재미나우?"

"그럼! 밤에는 서방 있것다. 아침엔 귀찮은 서방은 학교에 가구, 나 혼자 편히 할 노릇 다 하것다, 오후에는——야, 오후엔 우리 집 살롱엔 별별 청년들이 다 모여든다."

"무슨 청년들이우?"

"너 좋아하는 문학 청년들——."

"고 선생……?"

"아서라! 네 입에서 웬 갑작스런 고 선생이야! 고 상이지."

"고 상은 너무하니 아재라 해 둡시다. 아재 찾아오우?"

"아재는, 나 찾아오지."

명애에게서 들은 바에 의지하건대, 조선의 새 문학도는 대개 두 파로 나눌 수가 있다. 하나는 《시작》이라는 잡지를 무대로 활약하는 파로, 이를 '시작파'라 한다. 나머지 하나는 《퇴폐》라는 잡지를 무대로 활약하는 파로 이를 '퇴폐파'라 한다.

그런데 시작파와 퇴폐파를 손쉽게 구별하자면, 말하자면 기생네 집에 놀러 간다 할지라도 시작파들은 기생방 아랫목에 누워서 기생을 호령하여 술을 부르고 음식을 부르는 데 반하여, 퇴폐파는 꽃다발을 받들고 기생집을 찾아가서 무릎 꿇고 이것을 바치는 사람들이라 하면 짐작이 갈 것이다. 퇴폐파는 그 명칭과 같이 불란서 시인식의 퇴폐적 기분이 꽤 농후하였다.

명애의 살롱을 찾아오는 사람들은 퇴폐파거나 혹은 그들의 친구들이었다.

"와서는 무엇을 하우?"

"입에 거품을 물고 문학이 어떠니 인생이 어떠니 떠들지."

"그럼 언니는 어떻게 허우?"

명애는 미소하였다. 그리고 목소리를 낮추었다.

"내놓구 말이지, 어디 무슨 소린질 알겠더냐? 그래서 그저 웃고 보고 듣고 있지."

"오늘두 오우?"

"그럼! 나 없어두 저희들끼리 들어와서 한참씩 덤비다가 가니까……."

"나 좀 참가 못할까?"

"왜 못해. 네가 참가하면 모두들 아아 우리의 새 여왕이시여 하면서 손으로 키스를 보내리라."

"이름은 누구누구유?"

명애는 그들의 이름을 대강 꼽았다. 듣고 보니 신문이나 잡지에서 때때로 듣던 이름이 대부분이었다.

연실이는 매우 흡족하였다. 조선 신문단에서 활약하는 사람의 대부분을 손쉽게 사귈 기회를 얻었다.

이 년간을 동경과 서울——이렇게 만 리를 상격하여 있다가 만난 터이라 서로 바꾸는 뉴스는 끝이 없었다. 그 가운데서 연실이가 가장 통쾌하게 들은 것은 송안나에 관한 뉴스였다.

송안나의 동경 유학 당시의 가장 마지막 애인은 I라는 사람이었다. 그리고 I와의 애정이 다른 여러 과거의 애정들보다 가장 깊었다. 그런데 송안나가 아직 졸업하기 전에 I는 먼저 졸업하고 고향에 돌아왔다가 병나서 죽었다. 송안나는 I가 죽은 반 년 뒤에 졸업하고 돌아왔을 때는, 벌써 새 약혼자가 하나 생겨서 약혼자와 동반하여 돌아왔다.

돌아와서는 곧 결혼식을 거행하였다. 결혼을 하고 신혼 여행으로 간다는 데가 어디냐 하면 죽은 I의 고향이었다. I의 고향에서 송안나는 신혼한 남편과 함께 죽은 애인의 무덤에 절하고(사죄라 하는 편이 옳을지) 새 남편의 주머니에서 돈을 꺼내어 I의 무덤에 비석을 해 세워 주었다.——이런 뉴스였다.

냉정한 이성을 가지고 생각하자면 송안나(뿐 아니라 연실이며 명애며 다 마찬가지다)의 심리며 행동이며는 제정신 가진 사람의 일이라고는 볼 수가 없었다. 그러나 명애는 깔깔대며 이 뉴스를 여성이 남성에게 대한 대승리라 하여 연실이에게 알렸고 연실이는 손뼉을 두드리며 찬성하였다.

　명애의 소위 살롱이라는 것은 마룻방에 유리창을 달고 '센터테이블'을 가운데로 값싼 의자가 대여섯 개 둘려 놓여 있고, '센터테이블'에는 재떨이 몇 개와 성냥 몇 갑이 놓여 있은 뿐이었다.

　오후 세 시쯤 대여섯 명의 무리가 밀려왔다. 머리를 기르고 터키 모자를 비뚜로 쓴 청년, 새빨간 노끈을 넥타이 대신으로 쌍코를 내어 맨 청년, 머리를 통 뒤로 젖히고 칼날 같은 코를 때때로 이탈리아식으로 킁킁 울리는 청년——동경서 사립 음악 학교를 다닌 연실이에게도 신기한 느낌을 주는 사람들이었다.

　소설이나 시나 한 번 활자화되기만 하면 서로 이름쯤은 기억이 될 만한 단순한 시대라, 더욱이 여자인 김연실의 이름은 그들의 기억에도 있던 바였다. 그 위에 이 집의 여왕 명애의 입을 통하여서도 누차 들은 일이 있는 이름이었다. 그들은 두 손을 들어 환영하였다.

　그 청년 가운데 한 사람은 연실이에게도 약간 기억이 있는 사람이었다. 옷은 별다르게 입지 않았으나 가장 유행형이었다. 구주 전쟁을 겪어 세계적으로 온갖 물자가 결핍하기 때문에, 옷 같은 것도 놀랍게 짧고 좁고 팽팽한 것이 유행되어 그 유행이 아직 해소되지 않은 시절이라, 옷이 좁고 짧은 것은 흠할 것이 아니지만, 이 청년의 것은 유달리 좁고 짧아서 누구가 보든 남의 것을 빌려 입은 것 같았다. 박형 나르당제의 금시계와 꽤 커다란 금강석 반지와 밀화 궐련 물부리 등으로 부잣집 청년이라는 점이 증명되기에 말이지, 의복만으로 보자면 남의 것을 빌려 입은 듯하였다.

　김유봉이라는 이름이었다. 동경 미술 학교 출신이었다. 이 청년을 연실이는 짐작한다.

김유봉은 평양 사람이다. 김유봉의 증조할아버지는 평양의 전설적 치부가였다. 김유봉의 할아버지는 참령이었다.

이 김유봉의 할아버지가 참령 시대에 연실이의 할아버지는 군정이었다. 옛날 같으면 연실이의 할아버지라도 김유봉의 앞에 감히 앉을 자격도 없고 가까이할 자격도 없는 사람이다.

연실이의 아버지도 이속이 되기 전에는 김 강동(강동 군수를 살았다고 김 강동이라 한다) 댁에 하인 비슷이 드나들었다. 연실이의 아버지가 영리가 된 뒤에도 김 강동에게는 늘 하인같이 문안 다니고 하였다.

이러한 호상 관계가 있는 김유봉과 지금 대등한 자격으로 마주 앉아서 이야기를 할 때 연실이의 마음에는 일종의 긍지까지 일어나는 것이었다.

그들의 입에서는 동서고금의 온 예술가들의 이름이 오르내리고 비판과 논란이 오르내렸다.

지금까지 자기를 여류 문학자로 자임하고 선각자로 자부하던 연실이로 하여금 적지 않게 불안을 느끼게 한 것은, 이 청년들이 떠들고 법석하는 이야기를 잘 알아듣기가 힘들뿐더러 그들의 입에 예사로이 오르내리는 서양 문호의 이름조차도 연실이의 모르는 자가 적지 않은 점이었다. 명애의 말도 '그 작자들의 이야기는 내놓고 말하자면 잘 못 알아듣겠더라' 하더니만 연실이 자기도 그러하였다.

이런 가운데서도 막연히 느끼는 바는, 연실이 자기의 학우들이던 저 곳(일본) 남녀들과 이 청년들이 전혀 마음 가지는 법이 다르다는 점이었다. 저 곳 남녀들은 단지 배울 것 배우고 놀 것 놀고 먹을 것 먹는 것뿐이었다. 그런데 이 젊은이들의 마음가짐 가운데는 자기의 배운 것으로 민족을 어떻게 한다 하는 '대 사회'라는 것이 있는 듯하였다.

16

연실이가 명애의 집에서 기류하기 시작한 지 며칠이 지나지 않아서 연실이와 명애는 대판 싸움을 하였다.

명애는 자기의 남편 되는 고창범이가 세상에 드문 호인인 것을 다행히 여기고 온갖 행동을 자유로이 하였다. 그 소위 '온갖 행동'이라는 데는 연애도 포함되어 있었다.

고창범이도 짐작은 한다. 그러나 성격이 덜 났느니만치 호인인 그는, 아내와 싸우기가 싫기도 하고 무섭기도 하고 해서 모른 체하는 모양이었다.

명애의 상대 남자라는 것은 소위 살롱의 문학 청년도 있고, 남편의 친구도 있고 하여 대중이 없었다. 어느 일요일 날, 이 날도 아마 명애는 그 애인 중의 누구를 만나러 나간 모양이었다. 그렇지 않고 놀러 나가려면 연실이를 두고 나갈 까닭이 없었다.

집에는 창범이와 연실이와 하인밖에 없었다. 창범이와 연실이는 같은 방에서, 창범이는 신문을 읽고 연실이는 소설을 읽고 있었다.

그 소설에는 마침 어떤 여자(주인공)가 이전 학생 시대에 자기와 관계 있던 남자의 아내(친구끼리다)에게 놀러 간다. 아내는 지금 찾아온 동무와 제 남편이 과거에 그런 일이 있은 줄은 모른다. 아내는 동무를 위하여 과일이라도 사러 가게에 나간다. 과거에 관계 있던 남녀가 단둘이 남는다. 여자가 눈을 들어 사내를 본다. 사내도 마주 본다. 서로 싱그레 웃는다. 서로 손을 내민다. 서로 쓸어안는다. 이런 대목이 있었다. 이것을 읽다가 연실이는 뜻하지 않고 고창범이를 건너다보았다. 그러매 고창범이도 연실이가 자기를 보는 기수에 신문을 내리며 마주 보았다.

뜻하지 않고 서로 싱그레 웃었다. 수년 전에 마주 보고 싱그레 웃던 일이 생각났다. 연실이가 말을 던져 보았다.

"재미가 꿀 같죠?"

"세상 살기가 귀찮아집니다."

"꽃 같은 부인에……."

"좀 가까이 와서 옛날과 같이 이야기나 해 봅시다."

고창범이는 손을 길게 뻗쳤다.

"명애한테 큰일나게……."

"이건 왜 이래!"

창범은 연실이의 옷깃을 잡았다. 옷깃에서 팔목으로, 팔목에서 어깨로——서로 나란히 하고 그 뒤에는 어깨를 붙안고 뺨을 비비고, 꼴이 차차 우습게 되어 갈 때에 문이 홱 열렸다.

깜짝 놀라서 남녀가 떨어져 앉을 때에 문에 나타난 사람은 이 집의 여왕 명애였다.

명애에게는 너무도 의외인 모양이었다. 잠깐 멍하니 섰다. 서로 떨어진 남녀도 무슨 할 말도 없어서 우두커니 앉아 있었다.

드디어 명애에게서 노염이 폭발되었다.

"흥!"

이것이 첫 호령이었다. 다음 순간 화닥닥 뛰쳐들었다. 첫 발길로 제 남편을 걷어찼다. 다른 발길로 연실이를 차려 하였다. 연실이가 몸만 비키지 않았더면 물론 차였을 것이다.

연실이는 본능적으로 몸을 비켰다. 그 때문에 허공을 찬 명애는 탁 엉덩이를 주저앉았다.

"이놈의 계집애, 손길까지 하는구나!"

악이었다. 달려들어 연실이의 머리채를 휘어잡았다.

여기서 두 여인은 한참을 서로 악담을 퍼부어 가면서 머리채를 맞잡고 싸웠다. 명애의 남편은 어디로 언제 피하였는지 없어져 버렸다.

이 집 하인이 들어와서 간신히 떼어 놓을 때까지, 두 여인은 서로 옷을 찢으며 찢기며 머리를 뽑히며 코피를 쏟으며, 가정 집물을 부수며 격투를 계속하였다.

하인의 중재로 겨우 떨어진 연실이는 도둑년이라 부르짖으며, 명애는 화냥년이라 부르짖으며, 각각 하인에게 끌리어 딴 방으로 갈렸다.

제 방으로 돌아온 연실이는 즉시로 얼굴을 닦고 머리를 매만지고 옷을 갈아입고 행장을 수습하여 가지고 명애의 집을 나왔다.

인력거에 몸과 짐을 실은 뒤에 연실이가 인력거꾼에게 가리킨 방향은 패밀리 호텔이었다.

이 패밀리 호텔에는 김유봉이가 묵고 있었다.

17

연실이가 동경으로 처음 떠날 때에 어머니의 주머니에서 훔쳐 가지고 떠났던 돈은 그가 공부를 끝내고 돌아와 명애의 집에 기류해 있는 동안 다 썼다.

그러나 당시는 일천구백이십 년 전후의 호경기 시대라, 돈이 함부로 굴러다니던 때니만치 금전은 전혀 문제가 안 되었다. 만록총중의 일점홍으로 사천 연래의 제일 첫 사람인 신시인에게 생활 곤란의 문제가 생길 까닭이 없었다.

한 주일에 한 번씩 내야 하는 이 호텔의 방세는 괴상한 복장의 청년들이 경쟁적으로 순서를 다투며 부담하였다. 매 끼니끼니는 이 청년 중의 한 사람 혹은 몇 사람씩이 내곤 하였다. 일용품들도 연방 갖다 바쳤다. 직접 금전으로도 바쳤다.

그러나 그런 것들이 다 없어진다 할지라도 연실이의 생활은 튼튼히 보장되었다. 김유봉이가 연실이의 패트런(후원자)이 되었다.

한 호텔에서 한 가지의 취미를 즐기는 젊은 남녀였다. 그 사이가 저절로 그렇게 되었다.

연실이는 연애를 동경한 지 수년, 이 패밀리 호텔에서 비로소 소설에서 읽던 연애를 사실적으로 체험하였다.

가장 유행형인 의복으로 맵시나게 차린 김유봉과 동반하여, 혹은 교외를 산책하고 혹은 밤의 거리를 방황하며, 호텔의 창에서 갈구리 같은 달을 우러르며, 혹은 빗소리에 귀를 기울이며, 일찍이 소설에서 읽은 바와 같은 달콤한 속살거림을 서로 주고받았다.

"연실 씨, 연실 씨의 곁에 가까이 앉기만 해도 가슴이 울렁거립니다그려."

"아이 참! 김 선생님? 우리가 왜 좀더 일찍이 만나지 못했을까요?"

"그게 참 큰 한입니다. 아아! 이 달밤에 우리 산보나 같이 나가 볼까요?"

"네, 참 그러세요."

그리고는 서로 잡았던 손에 힘을 주고 서로 뺨을 비벼대고 하였다.

싸우고 난 뒤에는 다시 명애를 만나지 않았다. 여자의 친구는 남자일 것이지 여자는 여자의 친구가 되지 못할 것이다. 그 날 그 일에 일종의 희망을 붙였는지, 명애의 남편인 고창범은 몇 번 연실이에게 전화를 걸었다. 그러나 그 날 우연한 찬스에 다시 한 번 붙안겨 보기는 하였지만, 고창범 같은 남자에게는 일호의 흥미도 느낄 수 없는 연실이는 다시 창범을 만나지 않았다.

퇴폐파의 문사며 그 밖 젊은이들도 차차 연실이를 김유봉의 애인으로 인식해 주는 사람이 늘어 갔다.

18

　김연실이가 친구 최명애의 집에서 뛰쳐나와서 문학 청년 김유봉이 묵어 있는 패밀리 호텔을 숙소로 한 다음, 한동안은 연실이에게 있어서는 과연 즐거운 세월이었다.

　첫째로 김유봉의 연애하는 태도가 격에 맞았다. 아직껏 김연실이라는 한 개 여성을 두고 그 위를 통과한 여러 남성이, 첫째로는 열다섯 살 난 해에 그에게 일어를 가르쳐 주던 측량쟁이에서 시작하여 농학생 이 모며 그 밖 누구누구 할 것 없이 모두 평범한 연애였다. 연실이가 읽은 많은 소설 가운데 나오는 그런 달콤하고 시적인 연애는 불행히 아직 경험하지 못하였다. 여류 문학자로 자임하고, 문학과 연애는 불가분의 것으로 믿고 있는 연실이에게는, 그런 평범한 연애는 그다지 달갑지 않았다. 문학자인 이상에는 연애나 해야 하겠고, 다른 신통한 상대자는 나서지 않아서 부득불 불만족하나마 그 연애로 참아 온 것이지, 결코 만족한 바가 아니었다.

　그 유감이 김유봉으로 비로소 만족하게 해결이 된 것이었다. 달밤의 산보, 꽃 아래서의 속살거림, 공손히 바치는 꽃다발, 무수한 '아아'와 '어어'의 감탄사, 그 가운데서 미소로써 그를 굽어보는 자기를 생각할 때는 연실이는 만족감을 금할 수가 없었다.

　자기를 에워싸고 모여드는 청년들도 연실이를 만족케 하였다. 청년들이라 하는 것이 죄다 명애의 집에 드나드는 그 무리였지만, 연실이가 명애의 집에 있을 동안은 명애가 여왕이요, 연실이는 한 배빈에 지나지 못하였는데, 패밀리 호텔에서는 연실이가 유일한 여왕이요, 중심 인물이요, 뭇 청년은 그를 호위하는 기사였다.

조선으로 돌아올 때에 그가 품었던 커다란 포부——첫째로는 연애를 죄악으로 아는 우매한 조선 사람의 사상을 타파하고(연실이는 이것이 문화의 제일보요, 여성 해방의 실체라 믿었다), 둘째로는 연애의 실체물인 문학을 건설하고, 셋째로는 이리하여서 조선 여자의 수준을 세계적으로 올리려는 이 대이상은 착착 진척되는 듯이 믿었다.

이러한 가운데서 때때로 그로 하여금 불안을 느끼게 하고 초조한 생각을 느끼게 하는 것은, 즉 자기 자신의 지식 정도에 대한 의혹이었다.

뭇 청년들이 입에 거품을 물고 논쟁하는 이야기가 연실이에게는 알아듣지 못할 말이 퍽이나 많았다. 토론의 내용, 토론의 의의, 토론의 주지만 이해키 어려운 것이 아니라, 아니 주지 내용에 대해서는 태반이 모를 것뿐이었지만, 심지어 그들이 토론하는 이야기의 말귀도 알 수 없는 것이 많았다. 그들의 이야기 가운데 어떤 것을 무슨 형용사로 알고 듣고 있노라면 사람의 이름인 수도 있고, 낯선 말을 누구의 이름인 줄 알고 듣고 있노라면 나중에 그것이 무슨 주의의 외국말인 수도 있고——요컨대 이 나라 말 저 나라 말이며, 학술상의 술어며 고유 명사를 막 섞어 가면서 토론하는 그들의 이야기는, 연실이에게는 거의가 알아듣기 힘든 것이었다. 같은 선각자로서 더욱이 만록총중의 일점홍으로 이 그룹의 중심이 되는 연실이라, 그 입장으로도 침묵만 지킬 수가 없거니와, 그의 자존심으로도 때때로 말을 끼어 보고 싶고, 더욱이 뭇 청년들은 연실이에게 듣기기 위하여 더 기써서 토론을 하는지라, 자연히 연실이는 말을 참견치 않을 수가 없는 경우가 적지 않았다. 그래서 처음 몇 번은 참견을 하여 보았다. 참견하였다가 멋없이 움쳐진 일이 여러 번 있었다. 공연한 맞장구를 치다가 머쓱해진 적도 적지 않았다. 연실이 자신도 무료해서 딴 말로 돌리고 하였지만, 그들도 민망해서 좌석이 싱겁게 되곤 하였다.

그런 일을 누차 겪은 뒤부터는 연실이는 퍽 주의해서 그들이 연실이 모르는 토론들을 할 때에는, 연실이는 편물을 한다든가 독서를 한다든가 그런 시늉을 해서 개입할 기회를 피하고 하였지만, 마음으로는 일말의 불안을 느끼지 않을 수가 없었다. 망신스럽다는 일 자체도 불안하거니와, 조선의 여류 문학가요 선구자로 자신하고 있는 자기가 그렇듯 모르는 말이 많다는 점이 불안스러웠다.

이러한 가운데서 김유봉과 공동생활의 일 년이 지났다. 일 년이 지나고는 김유봉과 갈라지게 되었다.

19

갑자기 생긴 일은 아니었다. 그 사이 일 년간 쌓이고 쌓인 여러 가지의 원인이 합하여서 연실이가 김유봉과 갈라지게 된 것이다.

공동생활을 시작하여 석 달 넉 달은 그야말로 꿀과 같고 꿈과 같은 살림이 계속되었다. 유봉은 문학 청년다운 온갖 재롱과 아첨과 애무를 연실이에게 퍼부었다. 영화에서 본 바, 또는 소설에서 읽은 바, 온갖 서양식 연애 재롱과 연애 방법을 다하여 연실이를 애무하였다.

거기 대하여 연실이도 또한 자기의 아는 바 온갖 서양식 연애 기술을 다하여 유봉이에게 갚았다. 외출은 반드시 둘이서 끼고야 하였지만, 어떻게 유봉이 혼자서 나가게 되면 연실이는 들창문을 열고 천백 번의 키스를 유봉이에게 던졌다. 돌아올 때는 맞받아 나가서 가슴에 매달려 함부로 얼굴을 비벼대었다. 서양의 걸음걸이와 서양식 몸가짐과 서양식 표정·태도 등을 배우느라고 주의도 많이 하고 애도 퍽 썼다.

"아아, 김 선생님, 보담 더 행복되게, 보담 더 아름답게, 우리들의 라이프를 전개시키기 위해서 베스트를 다합시다요!"

"그렇습니다, 연실 씨! 현재에도 우리는 행복스럽거니와 더 큰 행복을

향해서 매진합시다."

"아아, 참 저는 김 선생님을 만난 것이 사막에 헤매던 사람이 오아시스를 만난 것 이상으로 환희의 절정이에요. 암흑에서 길을 잃고 갈 바를 모르던 사람에게 천의 일각에서 한 줄기 성광이 비쳐서 길을 인도하는 것과 같아서 가슴이 환해집니다."

"오오, 하늘에서 명멸하는 무수한 별이여! 그대 어찌 타 꺼질 줄을 모르느뇨!"

"아아, 김 선생님!"

달도 없고 불도 없는 캄캄한 노대에서 주고받는 속살거림은 과시 서양식이고, 서양식인지라 연애다운 연애이고 연애다운 연애인지라 문학미가 충일된 것이었다.

이런 생활이 두 달 석 달——넉 달이 계속되었다. 그리고는 차차 주름살이 생기기 시작하였다.

유봉이에게 있어서는 연실이의 무학과 무식이 차차 눈에 뜨이기 시작한 것이었다. 연애에 달뜬 동안은 그런 흠들이 모두 눈에 안 뜨이거나, 혹은 뜨일지라도 흠으로 보이지 않거나 했던 것이, 차차 날짜가 지나서 냄새가 나기 시작하면서는, 이제는 현저히 보인 모양이었다. 평범한 이야기 하나도 변변히 알아듣지 못하여 동문서답이 태반이거니와, 연실이가 가장 문학적 회화를 하노라고 많은 형용사와 조사와 감탄사를 끼어 가지고 아름다운 청과 곡조로 하소연하는 미언여구가 또한 본뜻과는 적지 않게 거리가 생겨서, 여류 문학가라는 것은 꿈에도 욕심내지 못할 얕은 정도의 것이었다. 연애에 취하였을 때는 눈에 안 뜨이던 이런 흠이 차차 냄새가 나면서는 나날이 더 현저하게 눈에 거슬리며, 그뿐더러, 심상히 보자면 흠잡히지 않을 것까지도 흠으로 보이고, 수효도 늘어가는 한편 흠의 정도도 크게 보여 갔다.

처음에는 모르고 지냈고, 그 뒤에는 실수쯤으로 가볍게 보고, 또 그 뒤는 간간 고쳐 주었고, 또 그 뒤는 핀잔을 주던 것이, 마지막에는 흠잡히지 않을 말까지라도 흠을 잡아 핀잔을 주고, 무식하다 매도하고, 일부러 큰 소리로 웃어 주어서 망신을 시키게까지 되었다.

말하자면 유봉이는 연실이에게 이젠 흥미를 잃었기 때문에 흠이 눈에 뜨이고, 대수롭지 않은 흠이 아주 크게 보인 것이었다.

유봉이의 심경이 이렇게 변함과 같은 보조로 연실이의 심경도 변하였다.

유봉이의 태도가 차차 불학무식한 사람과 같아 갔다. 처음에는 아주 귀공자답게 단아하고 우미하던 유봉이가 날이 갈수록 차차 조야하고 횡포하여 갔다.

처음 여왕을 보호하던 기사와 같던 태도는 차차 사라져 없어지고, 조야한 본성이 드러나면서부터는 그의 예술미까지도 자취를 감추어 버렸다. 연실이에게 대해서 문학을 토론하기를 차차 피하였다. 이것은 토론한댔자 연실이가 잘 알아듣지 못하는——말하자면 연실이의 실력이 발견된 탓도 있겠지만, 연실이가 알아들을 만한 이야기도 저희들끼리만 토론하였지, 연실이에게 향하는 일이 줄어 갔다. 물론 문학적 연애의 가지가지의 재롱도 점점 적어지고, 시도 없어지고, 달도 몰라 가고, 별도 몰라 가고, 꽃도 몰라 가고——연실이가 '문학적 감동'으로 알고 있는 기분이며 정서는 물에 씻기는 듯이 줄어들었다. 유봉이가 연실이에게 요구하는 성행위(연실이는 성행위와 연애를 같은 물건으로 안다.)도 그들이 처음 만났을 때와 같이 우아하고 시적이요 문학적인 것이 아니고, 더럽고 추잡하고 무식한——그 옛날 어떤 저녁 연실이의 아버지가 애첩과 지내던 그런 종류의 것이었다. 연실이가 맨 처음 만난 측량쟁이(연실이에게 어학을 가르친)로부터, 유봉의 직전까지, 열 손가락을 꼽고도 남는 이성 가운데서 유봉이와 같이 추잡한 성행위를 요구하는 사람이 없었다. 이야기는커녕 생각만 하여도 얼굴에 모닥불을 놓는 것 같은 느낌을 면할 수 없는 행위를 실천하고 요구하니, 이 너무도 비문학적이요 비시적인 김유봉이가 선각자 연실이의 마음의 애인이 될 수가 물론 없었다. 그 위에 더욱더 그 무지한 본성을 폭로하느라고, 레이디에게 대하여 완력 행위까지 하기를 사양하지 않는 것이었다.

이 비문학적인 김유봉이에게 대하여 연실이가 차차 소원하게 되어 가는 것은 당연한 일이었다.

석 달 넉 달이 지나고 반 년, 열 달이 지나면서부터는 서로 기괴한 사이가 되어서, 극도의 증오와 극도의 배척심을 품고 서로 대하게 되었다.

물론 한자리에서 잔다. 한 식탁에서 식사를 한다. 그러나 한 번의 미소도 없이, 한 가닥의 '자연 찬송사'도 없이, 한 마디의 시도 없이 제각기 제 감정 제 꿈으로 날을 보낸다. 그리고 이튿날도 또 같은 프로그램이 반복될 뿐이었다. 문학으로 서로 얽혀지고 사랑으로 얽혀졌던 그들에게서 문학에 수준의 균형을 잃고 사랑에 공명점을 잃었으니(애당초부터 사랑이란 것은 존재치도 않았지만) 웃음이 있을 까닭이 없고 기쁨이 있을 까닭이 없었다.

동부인하고 나다니는 일도 없어졌다. 유봉이의 친구들이 모여서 연실이를 중점에 두고 문학론들을 지껄이던 일도 지금은 전과 달라져서, 연실이는 따로 제쳐 놓고 저희들끼리만 지껄였다. 그렇지 않으면 연실이만 호텔에 혼자 남겨 두고 저희끼리 밖으로 나갔다. 연실이가 명애의 집에서 뛰쳐나와 유봉이와 함께 패밀리 호텔에 기류한 처음 한동안은 명애의 살롱에 모이던 그룹이, 패밀리 호텔을 집합소로 삼고 거기서들 놀았다. 그러던 것도 연실이와 유봉이의 사이가 식어갈 때는 차차 다른 곳으로 모였다.

연실이는 차차 문학과 떨어졌다. 선구자라는 긍지에 꽤 흔들림이 생겼다. 문학을 호흡하고 문학을 음식하려는 것이 연실이의 이상이요 희망이거늘 결과는 그 반대였다.

패밀리 호텔에서 이런 대중잡지 못할 생활의 일 년을 보낸 뒤에 그 생활의 파국에 이르렀다.

파국이랬자 그 이론 방법은 너무도 싱거웠다. 다툼, 하다못해 언쟁 한마디도 없이 사실로는 연실이는 그것이 유봉과는 이별인 줄도 모르고 이 국면을 맞은 것이었다.

어떤 날 유봉은 갑자기 고향 평양에 잠깐 다녀오겠다고 하였다.

"가면 언제쯤 와요?"

연실이는 이렇게 물었다. 이젠 존경사도 서로 약해 버리는 처지였다.

"글쎄, 한 주일 걸릴까, 한 반 삭 걸릴까? 혹은 반 년이 될지도 모르구……. 혼자 있기 무서운가? 무서우면 장정이나 하나 시침시키지."

농담인지 진담인지도 알 수 없었다. 그리고 용채로 쓰라고 몇백 원 집어 주고 짐은 말끔히 꾸려 가지고 나갔다.

"곧 다녀오면 무슨 짐이 그리 많소?"

하도 시시콜콜히 제 물건은 다 꺼내어 싸므로 이렇게 물으매, 그는,

"올 때 도로 가져오면 되지."

하고는 하나도 남김없이 싸 가지고 떠났다.

연실이는 거기 무슨 의심을 두지 않았다. 며칠을 다녀오려는지 그동안 오래간만에 좀 홀로 지내는 자유를 향락하고 싶었다. 정거장에나 나가 봐야 할 것이나, 유봉이가 한사코 말리므로 그것 좋다 하고 그만두었다.

그랬는데 그로부터 나흘 뒤 오정쯤, J라는 사람이 호텔로 찾아왔다. J는 어느 민간 신문 기자였다. 성격은 좋게 말하면 호협 남자요 나쁘게 말하면 뻔뻔한 사람이었다. 현재는 연실이가 유봉이와 남이 아니고 유봉이

는 시골 간 줄 알면서 찾아왔으니 미루어 알 것이다.

"김 소사!"

칭호부터 괴상하였다. 연실이는 영문 몰라 번번히 쳐다보았다. J는 모자도 쓴 채로 의자 걸상 다 버리고 침대에 벌컥 가서 앉았다. 그리고는 편안한 듯이 두어 번 들석들석 춤을 추어 보고는 지팡이로 침대보를 두드리며,

"사숙이구 여관이구 어서 하나 정해야지 않소?"

하며 머리를 기울이고 연실이를 들여다본다. 여전히 알 수 없었다.

"이 호텔은 하루 방세 사 원, 식사까지 하면 칠팔 원 이상이 걸릴 테니 어떻게 방침을 세워야지 않겠소?"

여전히 모를 말——J는 비로소 유쾌한 듯이 한 번 크게 웃었다.

"여보 긴 상, 시바이(연극)는 그만두고 내 앙천대소할 만한 뉴스를 하나 긴 상께 알리지. 다른 게 아니라, 유봉이가 시골에 갔다는 건 일장 시바이구, 녀석 ××동에다가 오부득하니 신접살림 꾸려 놓고 소꿉질 살림에 정신 빠졌답니다."

"재미나겠군요."

연실이는 가볍게 대답하였다. 대포를 잘 놓는 J라 거짓말로 알았다.

연실이가 믿건 말건, J는 여전히 연실이의 얼굴을 들여다보면서 제 말을 계속하였다.

"게다가 이 로맨스 유출유기(점점 더 기이함)해서 미금 앙천대소니, 즉 소꿉살림의 마담이 누군가 하면 전 Y전문학교 문과 교수 고창범 씨의 영부인 최명애 여사. 어떻습니까?"

"참 재미나는걸요. 신문 기사는커녕 소설 자료도 될걸요."

"자, 산보나 나갑시다. 구데기 나겠소이다."

"오늘은……"

"머리가 아프지요? 두통에는 산보가 제일 약입니다. 자, 어서……."

연실이는 웃지 않을 수가 없었다.

"다리가 아파 못 나가겠는걸요."

"그렇지, 종일 누워 있으니 다리도 저리리다. 운동을 해서 펴야지."

서두는 바람에 연실이는 하릴없이 따라 나섰다.

J는 연실이를 끌고 걸어서 이리저리 돌아다녔다. 적잖은 길을 걸었다. 그리고 어떤 골목 앞에까지 이르러서 J는 걸음을 느리게 하며 연실이를 돌아보고,

"자, 이 도적놈들 보세요."

하며 지팡이를 들어서 그 앞집의 문패를 가리켰다.

연실이는 지팡이 끝을 따라 눈을 들었다. 새로 이사온 집인 양하여 거기는 문패 달렸던 자리만 희게 남고 그 대신 명함이 한 장 붙어 있었다. 보니 '김유봉'이었다. 연실이는 거기서 넘어지지도 않고 비틀거리지도 않고, 호텔까지 돌아옴에 뉘게 부축받은 기억도 없고, 자동차나 인력거를 탄 기억도 없이——요컨대 평상과 조금도 다름없이 돌아왔다. 그러나 이상한 것은 돌아온 행보며 노순이며 길에서 보고 들은 것에 대해서는 하나도 기억에 남은 것이 없었다. J와 함께 돌아왔는데 그 기억조차 없었다.

20

유봉이를 잃은 것은 아깝지도 않았고, 헤어지게 된 것이 서럽지도 않았다. 냉정히 생각하자면 이젠 냄새나던 처지라 도리어 시원한 편이었다. 그러나 너무도 가볍게, 마치 헌신 버리듯 버리운 것이 분하였다. 자기가 헌신같이 버림받았으면, 자기는 유봉이를 걸레같이 버렸다 생각하였다.

이튿날 호텔에서 나왔다. 새로 적당한 주인을 잡기까지 며칠을 자기의

주인집에 있으라는 J의 권고를 따라서 짐을 임시 J의 하숙에 부렸다.

정조 관념에는 전혀 불감증인 연실이는 J와의 동서 생활도 그저 그렇고 그럴 것이라고 꺼려지지도 않는 대신 달갑지도 않았다. 다만 문학적 생활(연애를 하고 달을 찬송하고 별을 노래하며 꽃을 사랑하는)에서 꽤 멀리 떨어진 것이 매우 섭섭하였다. 다시 그 생활에 들어갈 기회를 포착하기에 마음 썼다. J는 문학미는 전혀 없는 사람이었다.

J에게서, 연실이는 김유봉이와 최명애가 이렇게 되기까지의 전말을 들었다. 그것은 연실이와 유봉이가 갈라지게 된 전말보다도 더 싱거웠다. 유봉이와 명애가 남의 눈을 피하기 시작한 것은 벌써 오래 전부터였다. 그러다가 최근 어떤 날 명애의 남편 고 교수가 학교에서 교수를 끝내고 허덕허덕 집으로 돌아와 보니까 아내가 없었다. 그 아내는 항용 나다니는 아내라 심상히 여겨서 찾아보지도 않았더니, 그날 밤이 깊어도, 밤이 새고 새 날이 와도, 또 다른 새 날이 와도 아내는 돌아오지 않고, 사흘 뒤에 사진 한 장이 우편으로 배달된 것뿐인데, 그것은 김유봉이와 최명애가 내외와 같은 태도로 찍은 사진이었다. 그것은 마치 연실이가 수년 전 아버지에게서 혼담 편지를 받고 회답 대신으로 연실 자기와 남학생과 갓난애의 세 사람이 찍힌 사진을 보내 버린 것과 마찬가지로 무언의 이혼장이었다.

본시 신경이 둔한 위에, 그 때 마침 어떤 신문 여기자와 밀접히 지내던 고 교수는, 지금 받은 사진을 찢어 버리고 그 대신 자기와 여자 기자가 찍힌 다른 사진을 꺼내어 사진틀에 넣고, 사진만 아니라 안방의 주인까지도 그렇게 바꾸었다. 이것이 그 전말이었다.

21

시대의 물레바퀴는 쉬임없이 돌아간다. 한눈팔기만 하면, 한 걸음 절룩

하기만 하면, 시대는 그 위를 용서 없이 타고 넘어서, 정신 차릴 때는 벌써 까마득한 앞에 달려가 있다.

연실이가 패밀리 호텔에서 유봉이와 연애에 골몰한 일 년을 지내고, 다시 인간 세계에 나와서 둘러볼 때는(그 사이가 단 일 년의 짧은 기간이나마), 조선의 사회도 적지 않게 변하였다.

문사의 수효가 놀랍게 많아졌다. 한 십여 일 J의 하숙에 몸을 기탁하고 있다가, 성 밖 어느 조용한 늙은 과부의 집에 방 하나를 얻고 자리를 잡자, 유명 무명의 문사들이 육속하여 연실이를 찾았다. 새 총독의 문화 정치의 여덕으로 적잖은 신문·잡지가 발간이 되어서, 지면은 많아졌으나 집필자가 부족하여, 무슨 글이든 생기기만 하면 활자화되는 문사 대량 산출의 시절이었다.

주판을 던지고 곡괭이를 던지고, 운전 핸들을 던지고, 인력거 채를 던지고, 중학교 제모를 벗어 던지고, 포승을 던지고——모두들 붓을 잡았다. 시, 소설, 수필, 온갖 형식의 문학이 놀라운 수효로 생겨나서 백화난만의 형태였다.

조선 시문학의 초창자인 이고주가 문예라는 다분히 선전력을 가진 무기를 들고 처음 창도한 것이 자유 연애 찬송이었는지라, 신문학도들이 첫번 출발하는 자리는 천편일률로 '연애'였다. 연애 소설, 연애 시, 연애 수필, 무릇 옛날에 있어서 '자왈'이 없으면 글이 성립 못 된다는 관념에 대신하여, '연애'가 포함되지 않은 글은 존재할 수 없다는 새 공식이 생겼다.

먼저는 최명애의 집에, 그 뒤를 김유봉의 품에, 이렇듯 감추어져 공개되지 않았던 '다정 다한한 여류 작가 김연실'의 공개는 큰 센세이션을 일으켰다. 마치 저자와 같이 연실이의 집은 늘 청년 문학도들로 우글우글하였다.

그 어떤 날, 그 날도 사오 명의 청년 문학도들이 연실이의 살롱(그들은 이 집 마루를 살롱이라 불렀다.)에 모여서 잡담들을 하던 끝에, 그 가운데 안경 쓰고 얼굴 창백한 친구가 연실이를 찾았다.

"미스 연(그들은 이렇게 연실이를 부른다), 여류 문사 친목회를 조직해 보시지요?"

"글쎄요."

연실이는 얼굴에 썩 점잖은 미소를 띠고 대답하였다. 그 표정은 근일 거울과 의논하여 가면서 수득한 것이었다.

"누구 어디 사람이 있어야지요."

사실 만록총중의 일점홍으로 연실이 자기밖에는 여류 문사가 있다는 것을 모른다.

이 연실이의 의향에 창백한 청년이 반대의 뜻을 보였다.

"왜요, 많진 못하지만 몇 분 되시지요."

"누구 누구?"

"저 최명애 씨라구 모르세요? 전 고창범 씨 부인……."

"네, 알기는 알지만……."

알기는 아나 최명애가 문사라는 것은 금시초문이었다. 연실이는 의아하여 반문하지 않을 수가 없었다.

"뭐 쓴 게 있습니까?"

"예, 아마——있지요."

그리고 곁의 뚱뚱한 친구를 돌아보았다.

"K군, 최명애 씨가 언젠가 《×××》에 뭘 썼지?"

"그렇지. 아, 아니야. 《×××》가 아니구 《○○》 창간호야."

"그렇던가?"

"분명히 그래. 〈고향 부노들은 삼성하라〉는 제목으로 아마 서너 페이지 넉넉히 돼."

"응, 나두 생각나는군(다른 청년이 끼어들었다). 조리 정연하게 명문하던걸."

"그럼, 선각자구 말구. 여자층의 지도자지. 또 친목회 하자면 또 있습니다. 송안나 씨라구, 글 쓴 건 못 봤지만 아주 웅변가구 활발하지. 또 있습니다. ×××씨, ○○○ 씨——대여섯 분은 넉넉히 될걸요. 우선 그 몇 분만으로 조직하구 차차 더 입회시키면 여남은 남게 되리다. 그만 했으면 회가 되지 않겠습니까?"

"그러세요. 미스 연이 주창하셔서 여류 문사 친목회를 조직하세요."

연실이는 솔깃하게 들었다. 첫 순간은 최명애 등등에게 작품이 없이 어찌 문사라고 하려누 생각도 했으나, 그렇게 따지자면 자기도 이렇다 할 작품이 없기는 일반이었다. 자기에게 작품이 없는 것은 그런 시간이나 기회가 없었기 때문이지 결코 문사가 아닌 때문은 아니다. 언제든 찬스만 있으면 작품은 얼마든지 나올 것이다.——연실이는 이렇게 알고 있다.

따라서 명애며 그 밖 지금 말썽된 사람들도 기위 연애를 이해하고 연애를 사랑하고 자유로운 환경과 새로운 지식 가운데서 사는 사람들이니, 문사의 회원될 자격은 넉넉하리라. 좀 꺼리는 바는 최명애를 만나기가 열쩍은 점과, 그보다도 명애를 만나려면 또한 필연적으로 만나게 될 유봉이를 대하기가 면중한 점이었다.

"미스 연, 꼭 조직하세요."

"글쎄요, 누구가 조직하면 난 회원이나 되지요."

"그게 될 말씀입니까? 가장 화형이 되실 분이 뒤에 숨어서야 됩니까? 꼭 선두에 나서야 합니다."

"글쎄올시다."

이만치 하여 두었다.

그러나 그 밤은 연실이는 많은 공상 때문에 얼른 잠이 못 들었다. 연실이에게는 쉽잖은 경험이었다. 한창 처녀 시절에도 그다지 공상의 세계를 모르고 지낸 그였었지만 이 저녁은 공상이 일어났다. 생활 환경 때문에 한동안 문학계에서 떠나 있다가 다시 그 길로 돌아가렴에 임해서, 자기의 전도에 다시금 비치는 찬연한 광휘에 현혹되어 잠이 못 들었다.

그로부터 며칠 뒤에 여류 문사의 친목회가 조직되고 제일회 회장으로는 송안나가 뽑혔다. 멤버는 전부가 과거의 동경 유학생이고, 법률이 보호하는 남편이 없는 사람들이었고, 환경이 지극히 자유로운 사람들로서 나이는 스물다섯을 전후하였다.

회의 집합 일자며 장소도 특별히 없고, 몇 사람이 우연히 모이면 서로 찾아가서 모이게 되고, 모이면 남자 문사들을 찾아 가지고 산보를 간다든가 식사를 한다든가 하는 것이 그 회의 행사였고, 이 회원의 단 한 가지의 특징은 서로 의논해 가면서 빛깔 같은 옷을 입는 것뿐이었다.

이 회 첫 회합에서 오래간만에 명애를 만난 연실이는 열쩍은 것을 참고,

"김 선생님(유봉)도 안녕하세요?"

하고 물어보았다. 여기 대하여 명애는,

"너 몹시 보고 싶어하더라."

하고는 픽 웃어 버렸다. 그리고 이것으로써 이 두 여인의 사이에 막혔던 막은 단숨에 없어져 버렸다. 둘의 교제는 다시 시작되었다.

22

하늘은 인생이라 하는 것을 커다란 키에 담아 가지고 끊임없이 키질을 한다. 그 키질로써 가라지, 죽데기, 껍질, 먼지 등은 날려 버리고, 알맹이

만 따로 추려 낸다.

너무도 급격히 수입된 신문화의 선풍과, 그 때 때를 같이하여 전개된 대경기의 덕택으로 생겨났던 가라지며 죽데기는 이 키질에 모두 정리되었다. 세계적으로 이르렀던 대경기의 반동으로 온 세계는 전고미문의 불경기 시대를 현출하였다. 큰 회사, 큰 재벌들이 푹푹 넘어지고 파산자가 온 세상에 충일되었다.

불경기는 자숙을 낳는다. 한때 경기에 생겨났던 부박한 세태와 경표한 풍조는 한꺼번에 쓸리어 나갔다.

신생 조선 문학도 이 영향을 크게 받았다. 금전의 여유가 있어서 자연 출판계가 흥성하였고, 그 덕에 어중이떠중이가 모두 주판을 던지고 망치를 던지고 붓대를 잡았었는데, 한풀 꺾인 다음에는 그들은 다시 예로 돌아가지 않을 수가 없었다. 백에 하나이 겨우 이 키질에도 자기의 명맥을 보존하였지, 나머지의 대부분은 좀 우한 자는 신문기자로, 그에 버금한 자는 광고 문안자로, 또 그 아래로는 과거 대경기 시대에 몇 번 제 이름이 활자화해 본 것을 연줄로 억지로 그냥 매달려 있는 사람으로——이렇듯 그냥 붓대를 잡는 사람도 있지만, 대개는 각기 제 재분에 따라서 새 직업을 따라갔다.

그런 가운데서 연실이는 '여류 문사'라는 특별한 지위의 덕으로 그냥 문사의 한 사람으로 남아 있기는 하였다. 조선에서 가장 처음의 여류 문사로, 연실이의 이름은 하도 크게 알려져 있었기 때문에, 한 개의 작품 행동도 없었음에도 불구하고 이 정리통에도 그냥 남아 있기는 하였다.

그러나 경제상의 압박은 피할 수가 없었다. 연실이는 아직껏 경제 곤란이라는 것을 전혀 모르고 지냈다. 언제 누가 어디서 주는지는 자기로도 기억이 흐리지만, 언제든 주머니에는 여유가 있었다. 주머니에 여유가 있는 외에, 또 필요한 물건은 어디서 언제 생기는지 늘 저절로 부족을 모를 만치 준비되어 있었다. 물질상의 곤란이라는 것이 존재한 줄조차 모르고 살아왔다.

　이러다가 갑자기 생전 처음으로 경제 곤란이라는 것에 직면하니, 어찌해야 될지 전혀 도리가 생각나지를 않았다. 온갖 사물에 대해서 지극히 감수성이 둔한 연실이도 현실의 경제 곤란에 직면해서는 갈팡질팡하였다. 경기 좋은 시절에는 그 살롱에는 늘 청년들이 우글우글하였고 경제 곤란을 모르고 지냈는데, 불경기 선풍이 불자 살롱이 차차 적막해 갔고, 동시에 연실이의 주머니도 가벼워 갔다. 간간 일 원, 삼 원, 오 원 등 생기기는 하였지만, 이런 부스럭돈으로는 생활비가 되지를 않았다.

　주인집의 하숙비를 한 달은 잊어버린 체하고 거저 넘겼다. 매일 대문을 드나들 때마다 채근받는 것 같아서 간이 조막만하게 되곤 하였다.

　한 달이 지나고 두 달 만에 종내 채근을 받았다.

　빚 채근이 평생 처음인 연실이는 저녁때 드리마 하고 그냥 나왔다.

　저녁때라도 돈이 생길 까닭이 없었다. 저녁때까지 이 동무 저 동무네 집에 일도 없이 돌아다니다가 저녁때도 하숙으로 돌아가지 못하고 어느 동무네 집에서 밤을 지내고, 이튿날 아침은 역시 갈 데가 없어서 식전 새벽에 명애네 집을 찾아갔다. 명애는 유봉이와 갈려서 다른 사람과 동서하는 때였다.

　꼭두새벽에 침침한 얼굴로 찾아오는 연실이를 명애는 놀라면서 반갑게 맞았다.

　"웬일인가? 자, 건넌방으로 들어가세."

　겨우 지금 자리에서 일어나는 모양이었다.

　"안녕하세요?"

　"응, 안녕할세마는 연실이는 진새벽에 웬일이야?"

　연실이는 씩 웃었다. 적당한 대답이 없기 때문이었다.

연실이가 자기의 가슴에 품은 근심을 명애에게 하소연한 것은 점심때도 거의 되어서 명애의 남편(?)이 외출을 한 뒤였다.

"에이, 이 바보야!"

연실이의 하소연을 듣고 명애는 명랑한 웃음을 한 가닥 웃은 뒤에 이렇게 내던졌다.

"상판대기 반질허구 나이두 아직 젊었것다, 이 좋은 세상에서 돈의 걱정을 한담? 죽어 불여라. 이생 하 쓰리오?"

"그럼 어떡허우?"

"그맛 지혜도 안 나니? 녀석들 가운데 그 중 어수룩해 보이는 녀석하구 단둘이서 있을 기회를 타서 한번 장태식(장탄식)을 하는 게지. 우리 천사여, 왜 한숨을 짓는 겐가? 아아, 선생님! 인간엔 왜 이다지 고초가 많사외까? 무슨 고초외까, 우리 천사여? 말씀 드릴 바가 아니외다. 꼭 말씀——아니——꼭——아니——두세 번 사양을 하다가 마지못해 한숨의 곡절을 설명하려무나. 거기 주머니를 벌리지 않는 녀석은 따귀를 갈길걸세."

연실이는 탄식하였다.

"그래도 염치에……."

"염치? 뒤집어씌울 땐 언제구 점잔 뽑을 땐 언젠가? 말이나 말아라. 샨노메 쟈시까 같으니!"

남의 감정을 생각지 않고 함부로 내던지는 농담에 저절로 찌푸려지려는 눈살을 감추려고 연실이는 외면을 하였다. 물론 명애에게서 무슨 해결을 얻자고 찾은 바는 아니다. 갈 곳도 없고 하도 클클해서 왔던 바였다. 왔다가 말말결에(가슴에 뭉쳤던 근심이라) 저절로 터져나온 것이었다.

놀랍게 짧은 가을해가 서편 하늘에서 춤을 출 때에 연실이는 명애의 집을 나섰다. 그냥 있을 수가 없어서 나서기는 하였지만 갈 곳이 없었다. 앞이 딱하였다. 다른 단련은 퍽이나 경험했지만 빚 단련은 처음 겪는 것이다. 집으로 돌아갈 용기는 나지 않았다. 어제저녁에 갚으마 한 것을 오늘도 빈손으로 들어갔다가 주인 노파에게 채근받으면 무어라 대답할까? 황혼에서 어둠으로——각각으로 변하는 하늘 아래서 연실이는 지향없이 헤매고 있었다. 또 누구의 집을 찾아가서 이 밤을 보낼까? 혹은 눈 딱 감고 집으로 돌아갈까? 이렇게 헤매다가 저편 길모퉁이에 전당국 간판이 있는 것을 보고 부끄럼을 무릅쓰고 집으로 들어갔다.

팔목에 찼던 시계를 이십 원에 잡혀서 비로소 길게 숨을 내쉬고 주인집으로 향하였다.

23

시계를 잡혀서 간신히 눈앞의 불은 껐다. 그러나 사람이 삶을 경영하는 동안은 언제까지든 의식의 종 노릇을 해야 하는 것이라, 한 개의 불을 껐다고 문제가 아주 해소되는 것이 아니었다. 연실이의 소유물이 차차 줄어가기 시작하였다. 처음에는 값지고 경편한(쓰기에 간편한) 물건이 차례로 없어졌다. 그러나 나중에는 물건을 선택할 처지가 못 되었다. 육중하고 값 안 나가는 물건, 내놓기 싫은 기념품까지도 차례로 나갔다.

전당국 출입이 처음에는 부끄럽기도 했고 남의 눈을 피하느라고 돌림길도 해 보았지만, 차차 어느덧 비위가 생기고 값을 다투는 재간까지도 터득하였다.

명애는 '녀석의 주머니에서 돈을 따내라'고 권고하였다. 명애며 안나며 그 밖 이전 여류 문사회의 멤버 또는 같은 성질의 여인들은 모두 그 수단으로 삶을 경영한다.

그러나 연실이는 그러기가 좀 어려웠다.

차마 용기가 안 났다. 예전 여류 문학자가 되기 위해서는 그렇게도 용
감스럽게, 그렇게도 비위 좋게 능동적으로 정복적으로 남자에게 접근하였
지만, 금전과 의식을 위해서는 그럴 용기가 당초에 나지 않았다. 저편 쪽
에서 먼저 요구하여 오면 피하거나 사양할 연실이가 아니었지만, 이쪽에
서 능동적으로 나갈 용기는 없었다.

그런데 저편 쪽에서는 연실이에게 대해서만은 선착수를 피하려는 눈치
가 분명하였다. 그 연유는 연실이가 너무도 유명하기 때문이었다. 실정에
있어서는 명애나 안나나 그 무리들의 방종한 행위가 연실이보다 훨씬 더
심했지만, 인간으로서 연실이가 더 유명했기 때문에 소문이 널리 더 퍼지
고, 많이 퍼지고, 에누리가 붙고 덤이 붙고 하여, 소문만으로는 연실이에
게 걸려들었다가는 큰코를 다치게 되는 듯이 알려졌으므로, 상종하기를
피하는 사람이 적지 않았다. 무서워까지는 않는 사람일지라도 연실이가
하도 유명한 여인이라, 그와 사귀었다가는 자기도 소문이 높아질 것을 꺼
리어서 피하였다. 그렇지 않은 사람은 또 '유명한 김연실'이에게 마음을
두었다가 방을 맞을까 보아 마음도 안 두었다. 이런 관계들로 연실이는
피동적 입장에 서기는 어려운 처지였다.

능동적으로 자기가 못 나서고 피동적으로 부르는 사람이 없으니, 이 길
로는 단념할밖에는 없었다.

어찌어찌해서 만나게 되는 사람도 하루 이틀에 그치지 오래 계속되는
사람이 없었다.

연실이의 생활은 차차 참담하여 갔다. 전당잡힐 물건도 이젠 다 잡혀
먹고, 어찌어찌 하다가 요행 얻어 만나는 이성 친구는 오래 계속되어 주
는 사람은 없었고, 그의 친구들도 모두 옛날 경기 좋은 세월과 달라서 자
기네의 경제 문제 해결에도 허덕이는 판이니 거기 덧붙을 수도 없고——
풀 죽은 치마에 굵은 양말, 검정 고무신, 흐트러진 머리칼, 전당질 생활

일 년 뒤에는 그의 모양은 초라하기 짝이 없이 되고, 그 위에 수심과 영양 불량으로 안색까지 초췌하고 야위어서 딴사람같이 되었다. 물론 하숙 생활을 그만두고 밤껍질만한 셋방 하나를 얻고 자취 생활을 하는 지도 오래었으며, 주머니의 시재 결과로써 굶은 끼니도 적지 않았다.

본시부터도 몽상과 공상을 그다지 모르고 지냈지만, 생활고에 부대끼면서부터는 그런 마음의 여유조차 없었다. 이 주머니를 털고는 그 뒤는 무엇으로 먹고 무엇으로 사나──딱 눈앞에 닥쳐 있는 이 문제는 다른 생각(근심까지라도)을 할 겨를을 주지 않았다.

문학? 문학을 박차 버린 지는 벌써 오래다. 자신을 잃은 것이었다. 옛날 자기를 에워싼 청년들과 자기 자신의 사이에 지식의 차이를 인정하면서도, 남자와 여자의 사이에는 그만한 차이는 있어도 될 것이다, 이만치 생각하고 불안 가운데서도 스스로 위로하고 안심하고 지냈는데, 그것은 순전히 그의 그릇된 생각이었다. 조선 여류 문사 제1기생인 연실이며 최명애, 송안나, 누구 누구, 이 사람들이 밟은 전철을 경계삼아 출발한 제2기생의 걸음걸이는 훨씬 견실하였다.

견실한 것이 더 문학적인지 혹은 방종한 것이 더 문학적인지는 잘 모르겠지만, 견실하니만치 더 이지적이요, 이지적이니만치 더 현실적이요, 굳세고 믿음성 있는 것만은 사실이었다.

제1기생들이 '작품 없는 문학 생활'에 골몰할 동안, 제2기생들은 영영 공공 습작에 정력을 기울이고 있는 것이었다.

연애도 잃어버리고 문학도 박차 버린 연실이는 굶주림을 면하기 위하여 갖은 애를 다 썼다.

그러나 잡힐 물건도 이제는 동이 났고, 연애 수입은 몇 푼 되지도 않거니와 대중도 할 수 없고, 장차는 굶거나 동냥을 하거나 둘 가운데 하나의 길밖에는 남지를 않게 되었다. 어느 편을 취하나?

굶을 수도 없다. 동냥도 차마 못 하겠다. 남은 길은 둘밖에 없는데 둘 다 취할 수가 없었다. 그 밖에도 인생의 최후의 길—— '죽음'이 남아 있을 뿐이었다.

이 막다른 골에서, 연실이는 비로소 고향 평양에는 부모와 동생이 있다는 일이 생각났다. 음신(편지)조차 끊기기 십 년이나 되매, 혹은 그들 중에는 작고한 사람도 있을는지도 모를 일이다. 그러나 다야 작고하였으랴. 남보다 그래도 혈기가 나을 것이다.

며칠 뒤 연실이는 간신히 차비를 마련해 가지고 평양으로 내려갔다.

24

연실이는 평양서 열흘도 못 있고 도로 서울로 올라왔다.

평양에 아버지, 적모 다 작고하고, 오라비동생(이복)도 하나만이 아내를 얻어 가지고 순사를 다니고 있었다.

연실이가 행색이라도 좀 나았으면 그래도 좀 대접이 달랐을지도 모르나, 간신히 거지나 면한 듯한 꾀죄죄한 꼴로 들어서고 보니 다시 말할 필요도 없었다.

진실로 불쾌하였다. 전혀 모르는 사람이면 도리어 나을 것이다. 제 손 아랫사람에게 마치 거지 같은 대접을 받으면서 간신히 열흘을 참다가 도로 서울로 올라왔다. 이튿날로 곧 돌아서고 싶었으나 불행히 차비가 없어서 못 떠나고 있다가 길에서 옛날 동무를 만나서, 염치를 무릅쓰고 동냥하여 차비를 마련해 가지고, 떠나노라는 말도 않고 나와 버렸다. 평양 내려갔던 것이 후회막급이었다.

동무에게 십 원을 꾸어서 차비를 쓰고, 오륙 원 남은 것을 신주와 같이 귀중히 품고 경성에 다시 발을 내려놓을 때는 눈앞이 아득하였다.

어찌하랴?

그 옛날 커다란 포부와 희망을 품고 동경서 이 곳으로 돌아올 때는 얼마나 희망과 기쁨으로 가슴이 뛰었던가!

그 뒤 수년간 조선 유일의 여류 문학자로 이 땅을 활보할 때에, 이 땅은 얼마나 아리땁고 향그러웠던고! 겨우 수삼 년 전의 일이다.

같은 땅, 같은 사람이다. 그렇거늘…… 천만의 발이 활기 있게 걸음을 재촉하는 길바닥을 풀이 없이 걸었다.

안잠이라도 자리라. 부엌데기라도 되리라. 동냥만은 결코 안 하리라. 더욱이 동기네 집의 신세는 안 지리라.

그 사이 열흘, 오라비네 집에 있으면서 연실이는 쓴 일 단 일 마다하지 않고 다 하였다. 남의 집에서 그만치 시중해 주었으면 치사 받기에 겨를이 없을 것이다. 그렇거늘 동생네 집에서는 일에는 공이 없고 받은 신세는 자세가 된다. 그만치 속을 쓰고 마음을 쓰고 몸을 쓰면, 왜 배가 고프고 옷이 남루하랴? 내 배를 내가 채우리라. 내 몸을 내가 장식하리라.

동생네 집 열흘에서 갖은 수모 다 받은 연실이는, 다시 상경해서 하인살이를 해서라도 독립하여 살고자 굳게 결심하였다.

우선 셋방 하나를 얻어서 몸 둘 곳을 장만하고, 그 뒤 직업(음악 개인 교수나 일어 교수쯤의 좀 고등한 직업에서 안잠자기, 찻집 등의 낮은 직업에 이르기까지 피하지 않고 다 닥치는 대로)을 구하려고 차표를 역부에게 주고 그 뒤는 오륙 원의 돈과 몸에 걸친 남루한 옷 한 벌밖에는 아무 것도 없는 조촐한 몸을 백만 장안으로 끼어든 것이었다.

집세가 헐한 ××동 근처로 찾아갔다. '복덕방'이라는 휘장이 바람에 펄럭이는 것을 들치고 들어서면서 주인을 찾았다.

매달 한 삼 원짜리 사글세의 방 하나를――이런 경험이 없기 때문에 몹시 서툴렀다. 복덕방 주인은 사십 내외쯤 되는 중늙은이였다. 그는 이

하이칼라 같기도 하고 초라하기도 한 여인을 위아래로 훑어보면서 동저고리 바람으로 나섰다.

연실이는 집주름의 뒤를 따라서 묵묵히 걸었다.

가면서 생각하였다. 중개인이 몹시 낯익었다. 어디서 많이 본 듯하였다.

"방은 한 달에 삼 원이지만 석 달 월세를 깔아야 합니다."

중개인은 이런 말을 하였다. 그러나 웬 까닭인지 중개인의 뒷모습에 몹시 흥미를 일으키고, 그것이 누구인지 알아내고야 말겠다는 욕구 때문에 그 말을 듣는 둥 마는 둥 하였다.

방은 보았다. 마음에 드는지 안 드는지도 똑똑히 안 보았다.

그날 밤, 이 초라한 행색을 쉴 곳도 없어서 경성역 대합실에서 밤을 보내다가 연실이는 문득 아까 그 중개인의 정체를 알아내었다.

지금부터 십수 년 전 연실이에게 일어를 가르치던 측량쟁이, 열다섯 살 나는 소녀 연실이에게 처음 '이성'을 알게 한 사나이――그 인물의 십수 년 후의 모양이었다.

연실이는 미소하였다. 노엽지도 않았다. 그렇다고 반갑지도 않았다. 웬일인지 미소가 저절로 떠오를 뿐이었다.

"두마라나이 모노떼수 응아 또우조(변변찮습니다만 좀 드십시오)."

그 때 그가 가르치던 괴상야릇한 발음을 입 속으로 한 번 외워 보고, 작은 소리까지 내어서 웃었다.

이튿날 다시 복덕방을 찾아갔다. 기회를 보아

"나 몰라 보세요?"

하고 물어보았다.

"왜 몰라, 김연실이지."

그는 태연히 대답하였다.

"언제 알아보았수?"

"어제 진작 알아봤지."

"그럼 왜 모른 체하셨어요?"

"아는 체하면 뭘 하오?"

딴은 그렇다.

"그래 벌이는 어떠세요?"

"그저 굶지나 않지."

"댁은 어디세요?"

"홀아비도 집이 있나?"

"가엾어라!"

"임자는 왜 혼자서 집을 얻소? 소박맞았나요?"

"과부두 소박맞나요?"

"과부라? 시집은 언제 갔었나요?"

"아이, 참 처녀……."

"처녀라? 삼십 처녀……. 가엾어라!"

그 날도 그만치 해 두고, 집은 얻는다 안 얻는다 말없이 또 갈리었다.

또 그 이튿날 연실이는 또 갔다. 그 날 이런 말이 있었다.

"과부 홀아비 한 쌍이로구먼……."

"그렇구려!"

"아주 한 쌍 되면 어떨까?"

"것두 무방하지요."

이리하여 여기서는 한 쌍의 원앙이가 생겨났다.

광염 소나타

독자는 이제 내가 쓰려는 이야기를, 유럽의 어떤 곳에 생긴 일이라고 생각하여도 좋다. 혹은 사오십 년 뒤에 조선을 무대로 생겨날 이야기라고 생각하여도 좋다. 다만, 이 지구상의 어떠한 곳에 이러한 일이 있었는지도 모르겠다, 있는지도 모르겠다, 혹은 있을지도 모르겠다, 가능성뿐은 있다.——이만치 알아 두면 그만이다.

그런지라, 내가 여기 쓰려는 이야기의 주인공 되는 백성수를, 혹은 알베르트라 생각하여도 좋을 것이요, 짐이라 생각하여도 좋을 것이요, 또는 호 모나, 기무라 모로 생각하여도 괜찮다. 다만 사람이라는 동물을 주인공 삼아 가지고, 사람의 세상에서 생겨난 일인 줄만 알면…….

이러한 전제로써, 자 그러면 내 이야기를 시작하자.

"기회(찬스)라 하는 것이 사람을 망하게도 하고 흥하게도 하는 것을 아시오?"

"네, 새삼스러이 연구할 문제도 아닐걸요."

"자, 여기 어떤 상점이 있다 합시다. 그런데 마침 주인도 없고 사환도 없고 온통 비었을 적에 우연히 그 앞을 지나가던 신사가——그 신사는 재산도 있고 명망도 있는 점잖은 사람인데——그 신사가 빈 상점을 들여다보고 혹은 이렇게 생각할 수도 있지 않아요? 통 비었으니깐 도적놈이라도 넉넉히 들어갈 게다. 들어가서 훔치면 아무도 모를 테다. 집을 왜 이렇게 비워 둔담……. 이런 생각 끝에 혹은 그——그 뭐랄까, 그 돌발적 변태 심리로써 조그만 물건 하나(변변치도 않고 욕심도 안 나는)를 집어서 주머니에 넣는 경우가 있을지도 모르지 않겠습니까?

"글쎄요."

"있습니다, 있어요."

어떤 여름날 저녁이었었다. 도회를 떠난 교외 어떤 강변에, 두 노인이 앉아서 이런 이야기를 하고 있었다. 그 기회론을 주장하는 사람은, 유명한 음악 비평가 K씨였었다. 듣는 사람은 사회 교화자의 모씨였었다.

"글쎄, 있을까요?"

"있어요.——좌우간 있다 가정하고, 그러한 경우에 그 책임은 어디 있습니까?"

"동양 속담 말에, 외밭서는 신끈도 다시 매지 말랬으니, 그 신사가 책임을 질까요?"

"그래 버리면 그뿐이지만, 그 신사는 점잖은 사람으로서, 그런 절대적 기묘한 찬스만 아니더라면 그런 마음은커녕 염도 내지도 않을 사람이라 생각하면 어찌 됩니까?"

"……."

"말하자면 죄는 '기회'에 있는데 '기회'라는 무형물에 벌을 할 수가 없으니깐, 그 신사를 가해자로 인정할 수밖에는 지금은 없지요."

"그렇습니다."

"또 한 가지——사람의 천재라 하는 것도, 경우에 따라서는 어떤 '기회'가 없으면 영구히 안 나타나고 마는 일이 있는데, 그 '기회'란 것이 어떤 사람에게서, 그 사람의 '천재'와 '범죄 본능'을 한꺼번에 끄을어 내었다면 우리는 그 '기회'를 저주하여야겠습니까, 축복하여야겠습니까?"

"글쎄요."

"선생은 백성수라는 사람을 아시오?"

"백성수……? 자……기억이 없는데요."

"작곡가로서 그……."

"네, 생각납니다. 유명한…… 〈광염 소나타〉의 작가 말씀이지요?"

"네, 그 사람이 지금 어디 있는지 아십니까?"

"모릅니다.…… 뭐 발광했단 말이 있었는데……."

"네, 지금 ×× 정신병원에 감금돼 있는데, 그 사람의 일대기를 이야기 할게 들으시고, 사회 교화자로서의 의견을 말씀해 주십쇼."

——내가 이제 이야기하려는 백성수의 아버지도 또한 천분 많은 음악 가였습니다. 나와는 동창생이었는데 학생 시대부터 벌써 그의 천분은 넉넉히 볼 수가 있었습니다. 그는 작곡과를 전공하였는데, 때때로 스스로 작곡을 하여서는 밤중에 혼자서 피아노를 두드리고 하여서, 우리들로 하여금 뜻하지 않고 일어나게 하곤 하였습니다. 그리고 우리는 그 밤중에 울리어오는 야성적 선율에 몸을 소스라치고 하였습니다.

그는 야인이었습니다. 광포스런 야성은, 때때로 비위에 틀리면 선생을 두들기기가 예사이며, 우리 학교 근처의 술집이며 모든 상점 주인들은, 그에게 매깨나 안 얻어맞은 사람이 없었습니다. 그러한 야성은 그의 음악 속에 풍부히 잠겨 있어서, 오히려 그 야성적 힘이 그의 예술을 더 빛나게 하는 것이었습니다.

그러나 그가 학교를 졸업하고 난 뒤에는 그 야성은 다른 곳으로 발전되고 말았습니다.

술——술——무서운 술이었습니다. 아침부터 저녁까지, 저녁부터 아침까지, 술잔이 그의 입에서 떠나지를 않았습니다. 그리고 술을 먹고는 여편네들에게 행패를 하고, 경찰서에서 구류를 당하고, 나와서는 또 같은 일을 하고……

작품? 작품이 다 무엇이외까? 술을 먹은 뒤에 취흥에 겨워, 때때로 피아노에 앉아서 즉흥으로 탄주를 하고 하였는데, 지금 생각하면 그 귀기가 사람을 엄습하는 힘과 야성(베토벤 이래로 근대 음악가에서 발견할 수 없던), 그런——보물이라 하여도 좋을 것이 많았지만, 우리들은 각각 제 길 닦기에 바쁜 사람이라, 주정꾼의 즉흥악을 일일이 베껴 둔다든가 그런 일은 꿈에도 생각하지 않았습니다.

우리들은 그의 장래를 생각하여 때때로 술을 삼가기를 권고하였지만, 그런 야인에게 친구의 권고가 무슨 소용이 있겠습니까?

"술? 술은 음악이다!"

하고는 하하하하 웃어 버리고 다시 술집으로 달아나곤 합니다.

그러한 칠팔 년이 지난 뒤에 그는 아주 폐인이 되고 말았습니다. 술이 안 들어가면 그의 손은 떨렸습니다. 눈에는 눈곱이 끼었습니다. 그리고 술이 들어가면——술만 들어가면 그는 그 광포성을 발휘하였습니다. 누구를 막론하고 붙잡고는 입에 술을 부어 넣어 주었습니다. 그러다가는 장소를 불문하고 아무 데나 누워서 잡니다.

사실 아까운 천재였습니다. 우리들 사이에는 때때로 그의 천분을 생각하고 아깝게 여기는 한숨이 있었지만, 세상에서는 그 장래가 무서운 한 천재가 있었다는 것은 몰랐었습니다.

그러는 동안에 그는 어떤 양가의 처녀와 어떻게 관계를 맺어서 애까지 뱄습니다. 그러나 그 애의 출생을 보지 못하고 아깝게도 심장 마비로 죽어 버리고 말았습니다.

그 유복자로 세상에 나온 것이 백성수였습니다.

그러나 우리는 백성수가 세상에 출생되었다는 풍문만 들었지, 그 애 아버지가 죽은 뒤부터는 그 애의 소식이며 그 애 어머니의 소식은 일체 몰랐습니다. 아니, 몰랐다는 것보다, 그 집안의 일은 우리의 머리에서 온전히 잊어버리고 말았습니다.

　삼십 년이라는 세월이 흘렀습니다.

　십 년이면 산천도 변한다 하는데 삼십 년 사이의 변천을 어찌 이루 다 말하겠습니까. 좌우간 그 동안에 나는 내 이름을 닦아 놓았습니다. 아시다시피 지금 K라 하면 이 나라에서 첫손가락을 꼽는 음악 비평가가 아닙니까. 건실한 지도적 비평가 K라면, 이 나라의 음악계의 권위며, 이 나의 한 마디는 음악가의 가치를 결정하는 판결문이라 하여도 옳을 만치 되었습니다. 많은 음악가가 내 손 아래서 자랐으며, 많은 음악가가 내 지도로써 이름을 날렸습니다.

　재작년 이른 봄 어떤 날이었습니다.

　그 때 나는 조용한 밤중의 몇 시간씩을 ××예배당에 가서, 명상으로 시간을 보내는 것이 습관이 되어 있었습니다. 언덕 위에 홀로 서 있는 집으로서, 조용한 밤중에 혼자 앉아 있노라면 때때로 들보에서, 놀라서 깨인 비둘기의 날개 소리와, 간간이 기둥에서 뚝뚝 하는 소리밖에는 아무 소리도 들리지 않는, 말하자면 나 같은 괴상한 성미를 가진 사람이 아니면 돈을 주면서 들어가래도 들어가지 않을 음침한 집이었습니다. 그러나 나 같은 명상을 즐기는 사람에게는 다른 데서 구하기 힘들도록 온갖 것을 가진 집이었습니다. 외따르고 조용하고 음침하며, 간간이 알지 못할 신비한 소리까지 들리며, 멀리서는 때때로 놀란 듯한 기적 소리도 들리는……이것뿐으로도 상당한데, 게다가 이 예배당에는 피아노도 한 대 있었습니다. 예배당에는 오르간은 있을지나 피아노가 있는 곳은 쉽지 않은 것으로서, 무슨 흥이나 날 때에는 피아노에 가서 한 곡조 두드리는 재미도 또한 괜찮았습니다.

그날 밤도(아마 두 시는 지났을걸요) 그 예배당에서 혼자서 눈을 감고 조용한 맛을 즐기고 있노라는데, 갑자기 저편 아래에서 재재 하는 소리가 납디다. 그래서 눈을 번쩍 뜨니까 화광이 충천하였는데, 내다보니까 언덕 아래 어떤 집이 불이 붙으며 사람들이 왔다갔다 야단이었습니다.

이렇게 말하면 어떨지 모르지만, 그다지 멀지 않은 곳에서 불붙는 것을 바라보는 맛도 괜찮은 것이었습니다. 일어서는 불길이며, 퍼져 나가는 연기, 불씨의 날아다니는 양, 그 가운데 거뭇거뭇 보이는 기둥, 집의 송장, 재재거리는 사람의 무리, 이런 것은 어떻게 생각하면 과연 시도 될지며 음악도 될 것이었습니다. 옛날에 '네로' 가 불붙는 것을 바라보면서 자기는 비파를 들고 노래를 하였다는 것도 음악가의 견지로 보면 그다지 나무랄 것이 아니었습니다.

나도 그 때에 그 불을 보고 차차 흥이 났습니다.

…… '네로' 를 본받아서 나도 즉흥으로 한 곡조 두드려 볼까, 어렴풋이 이런 생각을 하며, 나는 그 불을 정신없이 바라보고 있었습니다.

그 때였습니다. 갑자기 덜컥덜컥하는 소리가 들리더니 예배당 문이 열리며, 웬 젊은 사람이 하나 낭패한 듯이 뛰어들어왔습니다. 그리고 무엇에 놀란 사람같이 두리번두리번 사면을 살피더니, 그래도 내가 있는 것은 못 보았는지, 저편에 있는 창 앞에 가서 숨어 서서, 아래서 붙은 불을 내려다봅니다.

나도 꼼짝을 못하였습니다. 좌우간 심상스런 사람은 아니요, 방화범이나 도적으로밖에는 인정할 수 없지 않겠습니까? 그래서 꼼짝을 못하고 서 있노라니가 그 사람은 한참 정신없이 서 있다가 한숨을 쉽니다. 그리고 맥없이 두 팔을 늘이고 도로 나가려고 발을 떼려다가 자기 곁에 피아노가

놓인 것을 보더니, 교의를 끌어다 놓고 그 앞에 주저앉고 말겠지요. 나도 거기는 그만 직업적 흥미에 끌렸습니다. 그래서 무엇을 하나 보자 하고 있노라니까, 뚜껑을 열더니 한 번 뚱 하고 시험을 해 보아요. 그리고 조금 있더니 다시 뚱뚱 하고 시험을 해 보겠지요.

이 때부터 그의 숨소리가 차차 높아 가기 시작했습니다. 씩씩거리며 몹시 흥분된 사람같이 몸을 떨다가 벼락같이 양손을 '키' 위에 갖다가 덮었습니다. 그 다음 순간 C샤프 단음계의 알레그로가 시작되었습니다.

처음에는 다만 흥미로써 그의 모양을 엿보고 있던 나는, 그 알레그로가 울리어 나오는 순간 마음은 끝까지 긴장되고 흥분되었습니다.

그것은 순전한 야성적 음향이었습니다. 음악이라 하기에는 너무 힘있고 무기교이었습니다. 그러나 음악이 아니라기에는 거기는 너무 괴롭고도 무겁고 힘있는 '감정' 이 들어 있었습니다. 그것은 마치 야반의 종소리와도 같이, 사람의 마음을 무겁고 음침하게 하는 음향인 동시에, 맹수의 부르짖음과 같이 사람으로 하여금 소름 돋치게 하는 무서운 감정의 발현이었습니다. 아아, 그 야성적 힘과 남성적 부르짖음, 그 아래 감추어져 있는 침통한 주림과 아픔, 순박하고도 아무 기교가 없는 표현!

나는 털썩 그 자리에 주저앉고 말았습니다. 그리고 음악가의 본능으로서 뜻하지 않게 주머니에서 오선지와 연필을 꺼내었습니다. 피아노의 울리어 나아가는 소리에 따라서 나의 연필은 오선지 위에서 뛰놀았습니다. 등불도 없는지라, 손짐작으로.

……좀 급속도로 시작된 빈곤, 거기 연하여 주림, 꺼져 가는 불꽃과 같은 목숨, 그러한 것을 지나서 한참 연속되는 완서조의 압축된 감정, 갑자기 튀어져 나오는 광포, 거기 연한 쾌미, 홍소──이리하여 주화조로서 탄주는 끝이 났습니다. 더구나 그 속에 나타나 있는 압축된 감정이며 주림, 또는 맹렬한 불길 등이 사람의 마음에 주는 그 처참함이며 광포성은

나로 하여금 아직 '문명'이라 하는 것의 은택에 목욕하여 보지 못한 야인을 연상케 하였습니다.

탄주가 다 끝이 난 뒤에도 나는 정신을 못 차리고 망연히 앉아 있었습니다. 물론 조금이라도 음악의 소양이 있는 사람일 것 같으면, 이제 그 소나타를, 음악에 대하여 정통으로 아무러한 수양도 받지 못한 사람이, 다만 자기의 천재적 즉흥뿐으로 탄주한 것임을 알 것입니다. 해결도 없이, 감칠도화현이며 증육도화현을 범벅으로 섞어 놓았으며 금칙인 병행오팔도까지 집어넣은 것으로서, 더구나 스케르초는 온전히 뽑아 먹은——대담하다면 대담하고 무식하다면 무식하달 수도 있는 자유분방한 소나타였습니다.

이 때에 문득 내 머리에 떠오른 것은, 삼십 년 전에 심장 마비로 죽은 백××였습니다. 그의 음악으로써, 만약 정통적 훈련만 뽑고 거기다가 야성을 더 집어넣으면, 지금 내 눈앞에 있는 그 음악가의 것과 같은 것이 될 것이었습니다.

귀기가 사람을 엄습하는 듯한 그 힘과 방분스러운 표현과 야성——이것은 근대 음악가에게 구하기 힘든 보물이었습니다.

그 소나타에 취하여 한참 정신이 어리둥절해 앉았던 나는, 고즈넉이 일어서서 피아노 앞에 가서 그의 어깨에 가만히 손을 얹었습니다. 한 곡조를 타고 나서 아주 곤한 듯이 정신이 없이 앉아 있던 그는, 펄떡 놀라며 일어서서 내 얼굴을 보았습니다.

"자네 몇 살 났나?"

나는 그에게 이렇게 첫 말을 물었습니다. 가슴이 답답한 나로서는 이런 말밖에는 갑자기 다른 말이 생각 안 났습니다. 그는 높은 창에서 들어오는 달빛을 받고 있는 내 얼굴을 한순간 쳐다보고, 머리를 돌이키고 말았습니다.

"배고프나?"

나는 두 번째 그에게 물었습니다.

그는 시끄러운 듯이 벌떡 일어섰습니다. 그리고 달빛이 비친 내 얼굴을 정면으로 바라보다가,

"아, K선생님 아니세요?"

하면서 나를 붙들었습니다. 그래서 그렇노라고 하니깐,

"사진으로는 늘 뵈었습니다마는……."

하면서 다시 맥없이 나를 놓으며 머리를 돌렸습니다.

그 순간——그가 머리를 돌이키는 순간, 달빛에 얼핏 나는 그의 얼굴을 처음으로 보았습니다. 그리고 나는 거기서 뜻밖에, 삼십 년 전에 죽은 벗 백××의 모습을 발견하였습니다.

"아, 자네 이름이 뭔가?"

"백성수……."

"백성수? 그 백××의 아들이 아닌가. 삼십 년 전에 자네가 나오기 전에 세상 떠난……."

그는 머리를 번쩍 들었습니다.

"네? 선생님 어떻게 아세요?"

"백××의 아들인가? 같이두 생겼다. 내가 자네의 어르신네와 동창이네. 아아——역시 그 애비의 아들이다."

그는 한숨을 길게 쉬며 머리를 숙여 버렸습니다.

나는 그날 밤 그 백성수를 데리고 집으로 돌아왔습니다. 그리고 비록 작곡상 온갖 법칙에는 어그러진다 하나, 그만치 힘과 정열과 열성으로 찬 소나타를 거저 버리기가 아까워서 다시 한 번 피아노에 올라앉기를 명하였습니다. 아까 예배당에서 내가 베낀 것은 알레그로가 거의 끝난 곳부터

였으므로 그전 것을 베끼기 위해서였습니다.

그는 피아노를 향하여 앉아서 머리를 기울였습니다. 몇 번 손으로 '키'를 두드려 보다가는 다시 머리를 기울이고, 생각하곤 하였습니다.

그러나 다섯 번, 여섯 번을 다시 하여 보았으나 아무 효과도 없었습니다. 피아노에서 울려 나오는 음향은 규칙 없고 되지 않은 한낱 소음에 지나지 못하였습니다. 야성? 힘? 귀기? 그런 것은 없었습니다. 감정의 재뿐이었었습니다.

"선생님 잘 안 됩니다."

그는 부끄러운 듯이 연하여 고개를 기울이며 이렇게 말하였습니다.

"두 시간도 못 돼서 벌써 잊어버린담?"

나는 그를 밀어 놓고 내가 대신하여 피아노 앞에 앉아서, 아까 베낀 그 음보를 펴 놓았습니다. 그리고 내가 베낀 곳부터 타기 시작하였습니다.

화염! 화염! 빈곤, 주림, 야성적 힘, 기괴한 감금당한 감정! 음보를 보면서 타던 나는 스스로 흥분이 되었습니다. 미상불 그 때의 내 눈은 미친 사람같이 번득였으며 얼굴은 흥분으로 새빨갛게 되었을 것이었습니다.

즉, 그 때에 그가 갑자기 달려들더니 나를 떠밀쳐 버렸습니다. 그리고 자기가 대신하여 앉았습니다.

의자에서 떨어진 나는, 너무 흥분되어 다시 일어날 힘도 없이 그 자리에 앉은 대로 그의 양을 쳐다보았습니다. 그는 나를 밀쳐 버린 다음에 그 음보를 들고서 읽기 시작하였습니다. 아아, 그의 얼굴! 그의 숨소리가 차차 높아지면서 눈은 미친 사람과 같이 빛을 내기 시작하였습니다. 그러더니 그 음보를 휙 내어던지며 문득 벼락같이 그의 두 손은 피아노 위를 덧엎었습니다.

'C샤프 단음계'의 광포스런 소나타는 다시 시작되었습니다. 폭풍우 같이 또는 무서운 물결같이 사람으로 하여금 숨막히게 하는 그 힘——그것은 베토벤 이래로 근대 음악가에서 보지 못하던 광포스런 야성이었습니다. 무섭고도 참담스런 주림, 빈곤, 압축된 감정, 거기서 튀어져 나온 맹염, 공포, 홍소——아아, 나는 너무 숨이 답답하여 뜻하지 않고 두 손을 홱 내저었습니다.

그날 밤이 새도록 그는 흥분이 되어서 자기의 과거를 일일이 다 이야기하였습니다. 그 이야기에 의지하면 대략 그의 경력이 이러하였습니다.
——그의 어머니는 그를 밴 뒤에 곧 자기의 친정에서 쫓겨나왔습니다.
그 때부터 그의 가난함은 시작되었습니다.
그러나 교양이 있고 어진 그의 어머니는 품팔이를 할지언정 성수는 곱게 길렀습니다. 변변치는 않으나마 오르간 하나를 준비하여 주고, 그가 잠자려 할 때에는 슈베르트의 〈자장가〉로써 그의 잠을 도왔으며, 아침에 깨일 때는 하루 종일을 유쾌히 지내게 하기 위하여 도랜드의 〈세컨드 왈츠〉로써 그의 원기를 돋우었습니다.
그는 세 살 났을 적에 어머니의 품에 안겨 오르간을 장난하여 보았습니다. 이 오르간을 장난하는 것을 본 어머니는 근근이 돈을 모아서 그가 여섯 살 나는 해에 피아노를 하나 샀습니다.
아침에는 새소리, 바람에 버석거리는 포플러 잎, 어머니의 사랑, 부엌에서 국 끓는 소리, 이러한 모든 것이 이 소년에게는 신비스럽고도 다정스러워, 그는 피아노에 향하여 앉아서 생각나는 대로 '키'를 두드리곤 하였습니다.
이러한 가운데 고이 소학과 중학도 마치었습니다. 그러는 동안에 음악에 대한 동경은 그의 가슴에 터질 듯이 쌓였습니다.
중학을 졸업한 뒤에는 이젠 어머니를 위하여 학업을 중지하지 않을 수가 없었습니다. 그는 어떤 공장의 직공이 되었습니다. 그러나 어진 어머니의 교육 아래서 길러난 그는, 비록 직공은 되었다 하나 아주 온량한 사람이었습니다.

그리고 음악에 대한 집착은 조금도 줄지 않았습니다. 비록 돈이 없어서 정식으로 음악 교육은 못 받을망정, 거리에서 손님을 끄느라고 틀어 놓은 유성기 앞이며, 또는 일요일날 예배당에서 찬양대의 노래에 젊은 가슴을 뛰놀리던 그였습니다. 집에서는 피아노 앞을 떠나 본 일이 없었습니다.

때때로 비상한 감흥으로 오선지를 내어놓고 음보를 그려 본 적도 한두 번이 아니었습니다. 그러나 이상한 것은, 그만치 뛰놀던 열정과 터질 듯한 감격도 음보로 그려 놓으면 아무 긴장도 없는 싱거운 음계가 되어 버리곤 하였습니다. 왜? 그만치 천분이 있고 그만치 열정이 있던 그에게서, 왜 그런 재와 같은 음악만 나왔느냐고 물으실 테지요. 거기 대하여서는 이따가 설명하리다.

감격과 불만, 열정과 재──비상한 흥분과 그 흥분에 반비례되는 시원치 않은 결과, 이러한 불만의 십 년이 지났습니다.

그의 어머니는 문득 몹쓸 병에 걸렸습니다.

자양과 약값, 그의 몇 해를 근근이 모았던 돈은 차차 줄기 시작하였습니다. 조금이라도 안락한 생활이 되기만 하면, 정식으로 음악에 대한 교육을 받으려고 모아 두었던 저금은 그의 어머니의 병에 다 들어갔습니다. 그러나 그의 어머니의 병은 차도가 보이지 않았습니다.

그리하여 그와 내가 그 예배당에서 만나기 전 해 여름 어떤 날, 그의 어머니는 도저히 회복할 가망이 없는 중태에까지 빠지게 되었습니다. 그러나 그 때는 벌써 그에게는 돈이라고는 다 떨어진 때였습니다.

그날 아침, 그는 위독한 어머니를 버려 두고 역시 공장에를 갔습니다. 그러나 아무리 하여도 마음이 놓이지 않아서, 일을 중도에 그만두고 집으로 돌아왔습니다. 그 때는 어머니는 벌써 혼수 상태에 빠져 있었습니다. 가슴이 덜컥 내려앉은 그는 황급히 다시 뛰어나갔습니다.

그러나 어디로? 무얼 하러? 뜻없이 뛰어나와서 한참 달음박질하다가, 그는 문득 정신을 차리고 의사라도 청할 양으로 힐끈 돌아섰습니다.

그 때였습니다. 아까 내가 말한 바 '기회'라는 것이 그 때에 그의 앞에 나타났습니다.

그것은 조그만 담배 가게 앞이었는데, 가게와 안방과의 사이의 문은 닫혀 있고, 안에는 미상불 사람이 있을지나, 가게를 보는 사람이 눈에 안 띄었습니다. 그리고 그 담배 상자 위에는 오십 전짜리 은전 한 닢과 동전 몇 닢이 놓여 있었습니다.

그는 자기로도 무엇을 하는지 몰랐습니다. 의사를 청하여 오려면 다만 몇십 전이라도 돈이 있어야겠단 어렴풋한 생각만 가지고 있던 그는, 한 번 사면을 살핀 뒤에 벼락같이 그 돈을 쥐고 달아났습니다.

그러나 그는 이십 간도 뛰지 못하여 따라오는 그 집 사람에게 붙들렸습니다.

그는 몇 번을 사정하였습니다. 마지막에는 자기의 어머니가 명재경각(숨이 곧 넘어갈 지경에 이름)이니 한 시간만 놓아 주면 의사를 어머니에게 보내고 다시 오마고까지 하여 보았습니다. 그러나 그런 말은 모두 헛소리로 돌아가고, 그는 마침내 경찰서로 가게 되었습니다.

경찰서에서 재판소로, 재판소에서 감옥으로──이러한 여섯 달 동안에 그는 이를 갈면서 분해하였습니다. 자기 어머니의 운명이 어찌 되었나, 그는 손과 발을 동동 구르면서 안타까워했습니다. 만약 세상을 떠났다 하면 떠나는 순간에 얼마나 자기를 찾았겠습니까! 임종에도 물 한 잔 떠 넣어 줄 사람이 없는 어머니였습니다. 애타하는 그 모양, 목말라하는 그 모양을 생각하고는, 그 어머니에게 지지 않게 자기도 애타하고 목말라했습니다.

　반 년 뒤에 겨우 광명한 세상에 나와서 자기의 오막살이를 찾아가매, 거기는 벌써 다른 사람이 들어 있었으며, 어머니는 반 년 전에 아들을 찾으며 길에까지 기어 나와서 죽었다 합니다.

　공동묘지를 가 보았으나 분묘조차 발견할 수가 없었습니다.

　이리하여 갈 곳이 없이 헤매던 그는, 그 날도 역시 잘 곳을 찾으러 헤매다가 그 예배당(나하고 만난)까지 뛰쳐들어온 것이었습니다.

　——여기까지 이야기해 오던 K씨는 문득 말을 끊었다. 그리고 마도로스 파이프를 꺼내어 담배를 피워 가지고 빨면서 모씨에게 향하였다.

　"선생은 이제 내가 이야기한 가운데 모순된 점을 발견 못하셨습니까?"

　"글쎄요."

　"그럼 내가 대신 물으리다. 백성수는 그만치 천분이 많은 음악가였었는데, 왜 그 〈광염 소나타〉(그날 밤의 소나타를 '광염 소나타'라고 그랬습니다)를 짓기 전에는 그만치 흥분되고 긴장됐다가도 일단 그 음보로 만들어 놓으면 아주 힘없는 것이 되어 버리고 했겠습니까?"

　"그거야 미상불 그 때의 흥분이 〈광염 소나타〉를 지을 때의 흥분만 못한 연고겠지요."

　"그렇게 해석하세요? 듣고 보니 그것도 한 해석이 되기는 합니다. 그러나 나는 그렇게 해석 안하는데요."

　"그럼, K씨는 어떻게 해석하십니까?"

　"나는…… 아니, 내 해석을 말하는 것보다, 그 백성수한테서 내게로 온 편지가 한 장 있는데 그것을 보여 드리리다. 선생은 오늘 바쁘시지 않으세요?"

　"일은 없습니다."

"그러면 우리 집까지 잠깐 같이 가 보실까요?"

"가지요."

두 노인은 일어섰다.

도회와 교외의 경계에 딸린 K씨의 집에까지 두 노인이 이른 때는 오후 너덧 시쯤이었다.

두 노인은 K씨의 서재에 마주 앉았다.

"이것이 이삼 일 전에 백성수한테서 내게로 온 편지인데 읽어 보세요."

K씨는 서랍에서 기다란 편지 뭉치를 꺼내어, 모씨에게 주었다. 모씨는 그것을 받아서 폈다.

"가만, 여기서부터 보세요. 그 전에는 쓸데없는 인사이니까."

——(전략) 그리하여 그 날도 또한 이제 밤을 지낼 집을 구하느라고 돌아다니던 저는, 우연히 그 집(제가 전에 돈 오십여 전을 훔친 집) 앞에까지 이르렀습니다. 깊은 밤 사면은 고요한데 그 집 앞에서 잘 곳을 구하느라고 헤매던 저는, 문득 마음속에 무서운 복수의 생각이 일어났습니다. 이 집만 아니었더면, 이 집 주인이 조금만 인정이라는 것을 알았더면 저는 그 불쌍한 제 어머니로서 길에까지 기어 나와서 세상을 떠나게 하지는 않았겠습니다. 분묘가 어디인지조차 알지 못하여, 꽃 한 번 갖다가 꽂아 보지 못한 이러한 불효도 이 집 때문이외다. 이러한 생각에 참지를 못하여 그 집 앞에 가려 있는 볏짚에다가 불을 놓았습니다. 그리고 거기 서서 불이 집으로 옮아가는 것을 다 본 뒤에 갑자기 무서운 생각이 나서 달아났습니다.

좀 달아나다 보매, 아래서는벌써 사람이 꾀어들기 시작한 모양인데 이 때에 저의 머리에 타오르는 생각은 통쾌하다는 생각과 달아나려는 생각뿐이었습니다. 그리하여 저는 몸을 숨기기 위하여, 앞에 보이는 예배당 안으로 뛰어들어갔습니다. 거기서 불이 다 타도록 구경을 한 뒤에 나오려다가 피아노를 보고…….

"이보세요."
K씨는 편지를 보는 모씨를 찾았다.
"비상한 열정과 감격은 있어두, 그것이 그대로 표현 안 된 것이 그것 때문이었습니다. 즉, 성수의 어머니는 몹시 어진 사람으로서, 어렸을 때부터 성수의 교육을 몹시 힘을 들여서 착한 사람이 되도록, 착한 사람이 되도록 이렇게 길렀습니다그려. 그 어진 교육 때문에 그가 하늘에서 타고난 광포성과 야성이 표면상에 나타나지를 못하였습니다. 그 타오르는 야성적 열정과 힘이, 음보로 그려 놓으면 아주 힘없는, 말하자면 김빠진 술같이 되고 하는 것이 모두 그 때문이었습니다그려. 점잖고 어진 교훈이 그의 천분을 못 발휘하게 한 셈이지요."
"흠!"
"그것이, 그 사람——성수가, 감옥 생활을 한 동안에 한 번 씻기우기는 하였으나, 그러나 사람의 교양이라 하는 것은 온전히 씻지는 못하는 것이외다. 그러다가 그 '원수'의 집 앞에서 갑자기, 말하자면 돌발적으로 야성과 광포성이 나타나서 불을 놓고 예배당 안에 숨어 서서 그 야성적 광포적 쾌미를 한껏 즐긴 다음에, 그에게서 폭발하여 나온 것이, 그 〈광염 소타나〉였구려. 일어서는 불길, 사람의 비명, 온갖 것을 무시하고 퍼져 나가는 불의 세력——이런 것은 사실 야성적 쾌미 가운데 으뜸이 되는 것이니깐요."
"……."
"아셨습니까. 그러면 그 다음에 그 편지의 여기부터 또 보세요."

(중략) 저는 그 날의 일이 아직 눈앞에 어리는 듯하외다. 선생님이 저를 세상에 소개하시기 위하여, 늙으신 몸이 몸소 피아노에 앉으셔서, 초대한 여러 음악가들 앞에서 제 〈광염 소나타〉를 탄주하시던 그 광경은 지금 생각하여도 제 눈에서 눈물이 나오려 합니다.

그 때에 그 손님 가운데 부인 손님 두 분이 기절을 한 것은 결코 〈광염 소나타〉의 힘뿐이 아니고, 선생님의 그 탄주의 힘이 많이 섞인 것을 뉘라서 부인하겠습니까. 그 뒤에 여러 사람 앞에 저를 내어세우고,

"이 사람이 〈광염 소나타〉의 작자이며, 삼십 년 전에 우리를 버려두고 혼자 간 일대의 귀재 백××의 아들이외다."

그 소개를 하여 주신 그 때의 그 감격을 제 일생에 어찌 잊사오리까.

그 뒤에 선생님께서 저를 위하여 꾸며 주신 방도 또한 제 마음에 가장 맞는 방이었습니다. 널따란 북향 방에, 동남쪽 귀에 든든한 참나무 침대가 하나, 서북쪽 귀에 아무 장식 없는 참나무 책상과 의자 피아노가 하나씩, 그 밖에는 방 안에 장식이라고는 서남쪽 벽에 커다란 거울이 하나 있을 뿐, 덩그렇게 넓은 방은, 사실 밤에 전등 아래 앉아 있노라면 저절로 소름이 끼치도록 무시무시한 방이었습니다. 게다가 방 안은 모두 검은 칠을 하고, 창밖에는 늙은 홰나무의 고목이 한 그루 서 있는 것도 과연 귀기가 돌았습니다. 이러한 가운데서 선생님은 저로 하여금 방분스러운 음악을 낳도록 애써 주셨습니다.

저도 그런 환경 아래서 좋은 음악을 낳아 보려고 얼마나 애를 썼겠습니까. 어떤 날, 선생님께 작곡에 대한 계통적 훈련을 원할 때에 선생님은 이렇게 대답하셨습니다.

"자네에게는 그러한 교육이 필요가 없어. 마음대로 나오는 대로

하게. 자네 같은 사람에게 계통적 훈련이 들어가면 자네의 음악은 기계화해 버리고 말어. 마음대로 온갖 규칙과 규범을 무시하고 가슴에서 터져 나오는 대로……."

저는 이 말씀의 뜻을 똑똑히는 몰랐습니다. 그러나 대략한 의미만은 통하였습니다. 그리하여 저는 마음대로 한껏 자유스러운 음악의 경지를 개척하려 하였습니다.

그러나 그 동안에 제가 산출한 음악은 모두 이상히도 저의 이전(제 어머니가 아직 살아 계실 때)의 것과 마찬가지로 아무러한 힘도 없는 음향의 유희에 지나지 못하였습니다.

저는 얼마나 초조하였겠습니까. 때때로 선생님께서 채근 비슷이 하시는 말씀은 저로 하여금 더욱 초조하게 하였습니다. 그리고 마음이 초조하면 초조할수록, 제게서 생겨나는 음악은 더욱 나약한 것이 되었습니다.

저는 때때로 그 불붙던 광경을 생각하여 보았습니다. 그리고 그 때의 통쾌하던 감정을 되풀이하여 보려 하였습니다. 그러나 그것 역시 실패에 돌아갔습니다.

때때로 비상한 열정으로 음보를 그려 놓은 뒤에, 몇 시간을 지나서 다시 한 번 읽어 보면, 거기는 아무 힘도 없는 개념만 있곤 하였습니다.

저의 마음은 차차 무거워지기 시작하였습니다. 그리고 큰 기대를 가지고 계신 선생님께도 미안하기가 짝이 없었습니다.

"음악은 공예품과 달라서, 마음대로 만들고 싶은 때에 되는 것이 아니니, 마음놓고 천천히 감흥이 생긴 때에……."

이러한 선생님의 위로의 말씀이 듣기가 제 살을 깎아 내는 듯하였습니다. 그러나 제 마음상은, 인제는 제게서 다시 힘있는 음악이 나올 기회가 없는 것같이만 생각되었습니다.

이러는 동안에 무위의 몇 달이 지났습니다.

어떤 날 밤중, 가슴이 너무 무겁고 가슴 속에 무엇이 가득 찬 것같이 거북하여서는 저는 산보를 나갔습니다. 무거운 머리와 무거운 가슴과 무거운 다리를 지향없이 옮기면서 돌아다니다가, 저는 어떤 곳에서 커다란 볏짚 낟가리를 발견하였습니다.

이 때의 저의 심리를 어떻게 형용하였으면 좋을지 저는 모르겠습니다. 저는 무서운 적을 만난 것같이 긴장되고 흥분되었습니다. 저는 사면을 한번 살펴보고 그 낟가리에 달려가서 불을 그어 놓았습니다. 그리고 갑자기 무서움증이 생겨서 돌아서서 달아나다가, 멀찌가니까지 달아나서 돌아보니까, 불길은 벌써 하늘을 찌를 듯이 일어났습니다. 왁, 왁, 꺄, 꺄, 사람들이 부르짖는 소리도 들렸습니다.

저는 다시 그 곳까지 가서, 그 무서운 불길에 날아 올라가는 볏짚이며, 그 낟가리에 연달아 있는 집을 헐어 내는 광경을 구경하다가 문득 흥분되어서 집으로 돌아왔습니다.

그날 밤에 된 것이 〈성난 파도〉였습니다.

그 뒤에 이 도회에서 일어난 알지 못할 몇 가지의 불은 모두 제가 질러 놓은 것이었습니다. 그리고 불이 있던 날 밤마다 저는 한 가지의 음악을 얻었습니다. 며칠을 연하여 가슴이 몹시 무겁다가, 그것이 마침내 식체와 같이 거북하고 답답하게 되는 때는 저는 뜻없이 거리를 나갑니다. 그리고 그러한 날은 한 가지의 방화 사건이 생겨나며, 그날 밤에는 한 곡의 음악이 생겨났습니다.

그러나 그것도 번수가 차차 많아 갈 동안, 저의 그 불에 대한 흥분은 반비례로 줄어졌습니다. 온갖 것을 용서하지 않는 불꽃의 잔혹함도 그다지 제 마음을 긴장시키지 못하였습니다.

"차차, 힘이 적어져 가네."

선생님께서 제 음악을 보시고 이렇게 말씀하신 것이 그러한 때였습니다.

그러나 저는 게서 더할 도리가 없었습니다. 하는 수 없이 저는 한동안 음악을 온전히 잊어버린 듯이 내버려 두었습니다.

모씨가 성수의 편지를 여기까지 읽었을 때, K씨가 찾았다.

"재작년 봄에서 가을에 걸쳐서 원인 모를 불이 많지 않았습니까. 그것이 죄 성수의 장난이었습니다그려."

"K씨는 그것을 온전히 모르셨습니까?"

"나요? 몰랐지요. 그런데——그 어떤 날 밤이었구려. 성수는 기대에 반해서, 우리 집으로 온 지 여러 달이 됐지만, 한 번도 힘있는 것을 지어본 일이 없겠지요. 그래서 저 사람에게 무슨 흥분될 재료를 줄 수가 없나 하고 혼자 생각하며 있더랬는데, 그 때에 저어편 쪽에서……."

K씨는 손을 들어 남쪽 창을 가리켰다.

"저어편 꽤 멀리서, 불붙는 것이 눈에 뜨입디다그려. 그래 저것을 성수에게 보이면, 혹 그 때의 감정(그 때껏, 나는 그 담배 장수네 집에 불이 일어난 것도 성수의 장난인 줄은 꿈에도 생각 안했구료)——그 때의 감정을 부활시킬지도 모르겠다, 이렇게 생각하고 성수의 방으로 올라가려는데, 문득 성수의 방에서 피아노 소리가 울려 나옵디다그려. 나는 올라가려던 발을 부지중 멈추고 말았지요. 역시 C샤프 단음계로서, 제일곡은 뽑아 먹고 '아다지오'에서 시작되는데, 고요하고 잔잔한 바다, 수평선 위로 넘어가려는 저녁해, 이러한 온화한 것이 차차 '스케르초'로 들어가서는 소낙비, 풍랑, 번개질, 무서운 바람 소리, 우레질, 전복되는 배, 곤해서 물에 떨어지는 갈매기, 한 번 뒤집어지면서는 해일에 쏠려 나가는 동네 사람의 부르짖음——흥분에서 흥분, 광포에서 광포,

야성에서 야성, 온갖 공포와 포악한 광경이 눈앞에 어릿거리는데, 이 늙은 내가 그만 흥분에 못 견디어, 뜻하지 않고 '그만 거두어 달라'고 고함친 것만으로도 짐작하시겠지요. 그리고 올라가서 보니깐, 그는 탄주를 끝내 버리고, 피곤한 듯이 피아노에 기대고 앉아 있고, 이제 탄주한 것은 벌써 〈성난 파도〉라는 제목 아래 음보로 되어 있습다."

"그러면 성수는 불을 두 번 놓고, 두 음악을 낳았다는 말씀이지요?"

"그렇지요. 그리고 그 뒤부터는 한 십여 일 건너서는 하나씩 지었는데, 그것이 지금 보면, 한 가지의 방화 사건이 생길 때마다 생겨난 것이었습니다. 그러나 그의 편지마따나, 얼마 지나서부터는 차차 그 힘과 야성이 적어지기 시작했지요. 그래서……."

"가만 계십쇼. 그 사람이 다음에도 〈피의 선율〉이나 그 밖에 유명한 곡조를 여러 개 만들지 않았습니까?"

"글쎄 말이외다. 거기 대한 설명은, 그 편지를 또 보십쇼.——여기서부터 또 보시면 알리다."

——(중략) ××다리 아래에서 나오려는데, 무엇이 발길에 채이는 것이 있었습니다. 성냥을 그어 가지고 보니깐, 그것은 웬 늙은이의 송장이었습니다. 저는 그것이 무서워서 달아나려다가, 돌아서려던 발을 다시 돌이켰습니다. 그리고…….

선생님은 이제 제가 쓰는 일을 이해하여 주실는지요. 그것은 너무도 기괴한 일이라 저로서도 믿기어지지 않는 일이었습니다. 저는 그 송장을 타고 앉았습니다. 그리고 그 송장의 옷을 모두 찢어서 사면으로 내어던진 뒤에, 그 발가벗은 송장을(제 힘이라 생각되지 않는) 무거운 힘으로써 높이 쳐들어서, 저편으로 내어던졌습니다. 그런 뒤에는, 마치 고양이가 알을 가지고 놀 듯, 다시 뛰어가서 그 송장을 들어서 도로 이편으로 던졌습니다. 이렇게 몇 번을 하여 머리가 깨어지고, 배가 터지고——그 송장은 보기에도 참혹스러이 되었습니다. 그리하여 그 송장을 다시 만질 곳이 없이 된 뒤에 저는 그만 곤하여 그 자리에 앉아서 쉬려다가 갑자기 마음이 긴장되고 흥분되어서 집으로 달려왔습니다. 그날 밤에 된 것이 〈피의 선율〉이었습니다.

"선생님은 이러한 심리를 아시겠습니까?"
"글쎄요."
"아마, 모르실걸요. 그러나 예술가로서는 능히 머리를 끄덕일 수 있는 심리외다.——그리고 또 여기를 읽어 보십시오."

——(중략) 그 여자가 죽었다는 것은, 제게는 너무도 뜻밖이었습니다.

저는 그날 밤 혼자 몰래 그 여자의 무덤을 찾아갔습니다. 그리고 칠팔 시간 전에 묻어 놓은 그의 무덤의 흙을 다시 파서 그의 시체를 꺼내어 놓았습니다.

푸르른 달빛 아래 누워 있는 아름다운 그의 모양은 과연 선녀와 같았습니다. 가엾게 눈을 닫고 있는 창백한 얼굴, 곧은 콧날, 풀어헤친 검은 머리,——아무 표정도 없는 고요한 얼굴은 더욱 처연함을 도왔습니다. 이것을 정신이 없이 들여다보고 있다가, 저는 갑자기 흥분이 되어——아아 선생님, 저는 이 아래를 쓸 용기가 없습니다. 재판소의 조서를 보시면, 저절로 아실 것이올시다.

그날 밤에 된 것이 〈사령(죽은 사람의 영혼)〉이었습니다.

"어떻습니까?"

"……"

"네?"

"……."

"언어도단이에요? 선생의 눈으로는 그렇게 뵈시리다. 또 여기를 읽어
보십쇼."

——(중략) 이리하여 저는 마침내 사람을 죽인다 하는 경우에까지 이
르렀습니다.

  그리고 한 사람이 죽을 때마다 한 개의 음악이 생겨났습니다. 그
뒤부터 제가 지은 그 모든 것은 모두 다 한 사람씩의 생명을 대표하
는 것이었습니다. (하략)

"인젠 더 보실 것이 없습니다. 그런데 그만큼 보셨으면 성수에 대한 대
략한 일은 알으셨을 터인데, 거기 대한 의견이 어떻습니까?"

"……."

"네?"

"어떤 의견 말씀이오니까?"

"어떤 '기회'라는 것이 어떤 사람에게서, 그 사람이 가지고 있는 천재
와 함께, '범죄 본능'까지 끌어내었다 하면, 우리는 그 '기회'를 저주
해야겠습니까, 혹은 축복하여야겠습니까? 이 성수의 일로 말하자면 방
화, 사체 모욕, 시간, 살인, 온갖 죄를 다 범했어요. 우리 예술가협회에
서 별수단을 다 써서 정부에 탄원하고 재판소에 탄원하고 해서, 겨우
성수를 정신병자라 하는 명목 아래 정신병원에 감금했지, 그렇지 않았
으면 당장에 사형이 아닙니까. 그런데 이제 그 편지를 보셔도 짐작하시
겠지만, 통상시에는 그 사람은 아주 명민하고 점잖고 온화한 청년입니

다. 그러나 때때로 그——뭐랄까, 그 흥분 때문에 눈이 아득하여져서 무서운 죄를 범하고, 그 죄를 범한 다음에는 훌륭한 예술을 하나씩 산출합니다. 이런 경우에 우리는 범죄를 밉게 보아야 합니까, 혹은 그 범죄 때문에 생겨난 예술을 보아서 죄를 용서하여야 합니까?"

"그거야, 죄를 범치 않고 예술을 만들어 냈으면 더 좋지 않습니까?"

"물론이지요. 그러나 성수 같은 사람도 있는 것이니깐 이런 경우엔 어떻게 해결하렵니까?"

"죄를 벌해야지요. 죄악이 성하는 것을 그냥 볼 수는 없습니다."

K씨는 머리를 끄덕였다.

"그렇겠습니다. 그러나 우리 예술가의 견지로는 또 이렇게 볼 수도 있습니다. 베토벤 이후로는 음악이라 하는 것이 차차 힘이 빠져 가서, 꽃이나 계집이나 찬미할 줄 알고, 연애나 칭송할 줄 알아서, 선이 굵은 것은 볼 수가 없이 되었습니다. 게다가 엄정한 작곡법이 있어서, 그것은 마치 수학의 방정식과 같이 작곡에 대한 온갖 자유스런 경지를 제한해 놓았으니깐, 이후에 생겨나는 음악은 새로운 길을 개척하기 전에는 한 기술이 될 것이지, 예술이 될 수는 없습니다. 예술가에게는 이것이 쓸쓸해요. 힘있는 예술, 선이 굵은 예술, 야성으로 충일된 예술——우리는 이것을 기다린 지 오랬습니다. 그럴 때에 백성수가 나타났습니다. 사실 말이지, 백성수의 그의 예술은 하나하나가 모두 우리의 문화를 영구히 빛낼 보물입니다. 우리 문화의 기념탑입니다. 방화? 살인? 변변치 않은 집개, 변변치 않은 사람개는, 그의 예술의 하나가 산출되는 데 희생하라면 결코 아깝지 않습니다. 천 년에 한 번, 만 년에 한 번 날지 못날지 모르는 큰 천재를, 몇 개의 변변치 않은 범죄를 구실로, 이 세상에서 없이하여 버린다 하는 것은 더 큰 죄악이 아닐까요? 적어도 우리 예술가에게는 그렇게 생각됩니다."

K씨는 마주 앉은 노인에게서 편지를 받아서 서랍에 집어넣었다. 새빨간 저녁 해에 비치어서 그의 늙은 눈에는 눈물이 번득였다

눈을 겨우 뜰 때

1

이것은 오 년 전에 생긴 조그만 일이다.

2

위아래 동서남북 모두 불이다.

강 좌우편 언덕에 달아 놓은 불, 배에서 빛나는 수천의 불, 지걱거리며 오르내리는 수없는 배, 배 틈으로 조금씩 보이는 물에서 반짝이는 푸른 불, 언덕과 배에서 지절거리는 사람의 떼, 그 지절거림을 누르고 때때로 크게 울리는 기생의 노래, 그것을 모두 싼 어두운 대기에 반사하는 빛, 강렬한 사람의 내음새, 연화 …… 유명한 평양 사월 파일 불놀이의 경치를 순서 없이 벌여 놓으면 대개 이것이다.

도깨비는 어두움에 모여들고 사람은 불에 모여든다. 그들은 거기서 삶을 찾고 즐거움을 찾고 위안을 찾으려 한다.

사정없이, 조그만 틈까지라도 비추는 해에게 괴로움을 받던 '사람들'은 비추면서도 덮어 주며 빛나면서도 유여가 있고 나타내면서도 감싸 주는 불 아래로 모여들지 않을 수 없다. 정답게 빛나는 불 밑에서, 그들은 웃으며 즐기며 춤추며 날뛰어서 하루 종일 받은 괴로움을 잊으며, 또는 오늘날에 이를 어지러움을 생각지 않으려 한다. 그리고 이 불을 그리는 사람의 마음을 가장 똑똑히 나타낸 자가 사월 파일의 불놀이이다.

불을 그리는 사람은 온갖 궁리를 다하여 불 아래 모여 즐길 기회를 지어내었다. 이리하여 야회, 댄스, 연극, 일루미네이션, 요릿집, 야시, 모든 것이 생겨났다.

그러나 욕심 많고 만족을 모르는 '사람'은 이것뿐으로 넉넉타 아니하였다. 이렇게 일 년에 한 번 혹은 두 번 만인이 함께 모여서 함께 즐기며 함께 덤빌 기회를 또한 만들어 내었다. 그리고 우리의 그것은 사월 파일의 불놀이이다.

삼 년 동안을 벼르기만 하고 하지는 못하였던 불놀이가, 금년에는 실현된다 할 때에 평양 사람의 마음은 뛰었다. 여드렛날 해 있을 때부터 오륙백 짝의 배는 불과 음식을 준비하고 각 장수들은 전을 걷고 불놀이 구경 준비에 분주하였다. 이리하여 해가 용악으로 넘고 여드렛날 반달이 차차 빛을 내며 자줏빛 하늘이 차차 푸르게 검게 밤으로 들어설 때까지는 해로부터 괴로움을 받던 사람들의 불을 그려 모여드는 무리, 외로움에 슬퍼하던 사람들의 흥성거림을 찾아 모여드는 무리, 한 해 동안을 수판에 머리를 썩이던 사람들의 하룻밤의 안락을 얻으려 모여드는 무리, 또는 유명한 '불놀이'를 그려 평양을 찾아 모여드는 딴 곳 사람의 무리, 그 가운데 돈벌이에 눈을 희번덕거리며 다니는 계집의 무리들로써 십 리 길이 되는 해관 선창에서 부벽루까지에 총총 달아 놓은 등 아래는 수만 명으로 셀 사람 병풍이 세워지고, 재간껏 장식한 오륙백 짝의 배에는 먼저 주선함으로 탈 수 있게 된 행복된 사람으로 가득 찼다. 평양성 내에는 늙은이와 탈난 사람이 집을 지킬 뿐 모두 대동강 가로 모여들었다.

반월도와 해관 선창에서 쏘는 연화가 금방 하늘에 퍼지면서 부벽루에서 해관 선창까지 총총 달아 놓은 등과 자라옷에서 모래섬을 따라 아래 장림까지 세워 놓은 홰에는 불이 켜졌다. 이것을 기다리던 모든 배들은 일제히 형형색색의 불을 켜 달고 잔잔한 대동강을 노 젓는 소리 한가하게 청류벽을 향하여 올라간다.

수없이 불이 물 위를 움직이고 번하게 빛나는 대기 썩 위에 수없는 연화가 형형색색으로 퍼져 나갈 때, 뭇 배와 청류벽 기슭과 반월도에서 띄워 내려보내는 큰 수박만큼한 불방석들은 물줄기 따라서 아래로 아래로 흘러간다.

강 건너 모래섬에 한 간마다 세워 놓은 횃불은 간간 부는 바람으로 말미암아 춤을 추어서 물 속에 비친 자기 그림자를 놀리고 있다. 그치지 않고 쏘는 연화는 공중에서 이상하게 퍼지면서 수만의 불티를 날린다. 그리고 물 위에는 형형색색의 배가 불과 사람으로 장식하고, 기름보다도 잔잔하고 구름보다도 검고 수정보다도 맑은 물 위를 헤어다닌다. 배와 물에서 띄워 내려보내는 수없는 불방석들은 목숨의 불꽃같이 가느랗게 불붙으면서 아래로 아래로 흘러간다. 불, 불, 불 천지다.

강 좌우편에 달아 놓은 불, 배에 단 불, 물에 뜬 불, 매화포의 불, 그것들이 비친 물 속의 불, 도로 하늘로 반사한 대기의 빛, 거기에 또 여기저기서 나는 기생의 노래, 학생의 노래, 조선 아악.

이리하여 대동강, 모란봉, 부벽루, 청류벽, 능라도, 반월도, 모래섬 그 일대는 불로 변하고 사람으로 장식하고 음악으로 싸였다.

'배가 한 짝 얻고 싶다.'

물에 서 있는 사람들의 말하지 않는 말은 이것이겠지. 한 짝 배를 얻어 타고 마음껏 불 속에 잠겨서 불을 즐기고 삶을 즐기는 것은 얼마나 재미있는 일이랴. 여기는 온갖 것을 초월한 삶의 문제가 있다. 또 그만큼 배 한 짝을 얻어 탄 사람은 행복된 사람이다.

금패도 이 행복된 사람 가운데 하나였었다.

3

금패가 탄 배에는 금패 밖에 기생 둘과 손님 셋이 탔었다. 이리하여 그들의 배는 배 틈틈을 세면서 고즈넉이 고즈넉이 부벽루를 향하여 올라갔다.

금패는 배 난간에 걸터앉아서 앞뒤 좌우를 흐르는 배의 불들도 바라보며 이곳 저곳에서 날아오는 삼현 육각에도 귀를 기울이다가 거기도 겨운 뒤에는 W라는 손님 곁에 가 앉아서 이야기를 끄집어내었다. 시간을 보낼 핑계가 없어서 괴로워하는 그들 새에는 여러 가지 쓸데없는 소리가 바뀌었다. 누가 애를 뱄는데 그 애의 아버지가 Y라거니 X라거니, 누가 휴업을 하였거니 누가 살림을 들어갔거니, 이런 쓸데없는 이야기를 하고 있는 동안에 배는 능라도 다리 아래 이르렀다. 불놀이를 구경하러 (오히려 '보이려'라는 편이 나을지도 모르지만) 떠난 배들은 여기서 쉬면서 술을 먹는 사람은 술을 먹고, 술을 안 먹는 사람은 웃고 덤비며, 어떤 사람은 모란봉 꼭대기에 올라가서 불야성을 이룬 대동강 일대를 구경도 하다가 열한 시 혹은 열두 시쯤 각각 자기 떠난 곳으로 돌아가는 것이다. 그들의 배도 거기 머물렀다.

"한잔 하세."

"하세."

"섬섬옥수로, 음?"

아직 반취를 지나지 못한 손님들은 술을 요구하였다. 그러나 이 말이 끝나기 전에 금패의 동그랗고 예쁜 손에는 벌써 맥주병이 들리어 있었다. 불로 말미암아 금빛이 도는 맥주가 잔에 부어졌다. 그리하여 이 배에도 점점 흥이 돌게 되었다.

일배 일배 부일배로 이윽고 취흥이 배 안에 돌고 컵의 왕복이 더디 되었다. 금패는 이유는 모르지만 엉덩이를 들추어 주는 것 같은 기쁨을 참지 못하여 가만히 장구를 끌어당겼다.

"한──한 마디 듣잤군, 애!"

혀 꼬부라진 소리가 신음하였다.

금패는 월선에게 눈짓하였다. 가장 흥성스러운 〈방아타령〉 한 마디는 월선의 입에서 부드럽고 아름답게 나왔다.

에헤──에헤야.

에라 찧어라 방아로다.

반 넘어 늙었으니 다시 젊지는 에라 못할러라.

유량한 월선의 소리는 숙련한 금패의 장구와 함께 낮게 그 시끄런 불놀이 소리 가운데서도 빼어나게 울리어 나간다.

금패가 노래를 받았다.

엣다──좋구나

이십오 현 탄야월에

불승청원 저 기러기

긴 갈순 한 대를 입에다 물고

부러진 거처귀 옆에 끼고

점점이 날아드니

평사낙안이

──에라 이 아니냐.

좋다, 잘한다. 때때로 술 취한 콧소리가 신음하는 듯이 울리어 온다.

금패는 유쾌한 마음이 되어서 어깨춤과 함께 노래를 주고받고 하였다. 시끄러이 웅성거리는 불놀이 소리 가운데 빼어나게 예쁘게 울리는 이 소리는 뭇 배들의 주의를 끌지 않고는 두지 않았다. 구경배까지 몇이 둘러섰다.

마지막 서로 얼굴을 바라보며 금패가 영산홍록 봄바람에 넘노니 황봉백접이라고 냅다 뽑을 때는 저 먼 데 배에서까지 좋다 소리가 울리었다.

이리하여 방아타령은 끝났다.

금패는 자랑스러운 듯한 얼굴로 장구를 밀어 놓고 사이다를 한 잔 부어 가지고 월선이를 끌고 뱃전에 가 앉았다. 그리고 불에 잠겨서 삶을 즐기는 몇만 명의 사람을 보면서 '놉시다 젊어서 놉시다 나이가 많아서 백수가 되면 못 노나니' 라고 조그만 소리로 읊었다. 그 때에 월선이가 금패를 꾹 찔렀다.

"애, 저것 봐라. 여학생들이 다 있구나."

"여학생이? 어디."

금패는 수심가를 멈추고 월선이 가리키는 편을 보았다. 그 때에는 (곧 금패의 배 뒤에 달린) 그 배에서도 금패의 배를 손가락질하면서 여기서까지 넉넉히 들리게 소근거린다.

"기생 봐라."

"어디? 정."

금패는 자랑스러운 듯한 적개심으로 머리를 잔뜩 들고 경멸하는 눈을 여학생의 배에 향하였다.

"고곤 꽤 곱디, 애."

하는 여학생의 손가락은 금패에게 향하였다. 금패는 성내 주고 싶은 듯한, 자랑하고 싶은 듯한 마음으로 코웃음을 웃고 머리를 월선에게 돌렸다. 그러나 열두 시를 치는 시계를 여덟까지 들은 사람은 나머지 넷을 안 들을래야 안 들을 수 없다. 금패의 귀도 그 여학생들에게로 기울어졌다.

"망측해라. 그렇게 손구락질하믄 보갔구나."

"본들."

"뭘 하라니 속으루 욕하디."

"속으로나 욕한들."

"그래두 봐라. 숙고사 치마에, 비취 비녀에, 꽤 말쑥하게 채렸데이."

"그까짓 거."

"그까짓 거라니, 너 그래 어떻게 채랬니?"

"안 채려서——좀."

"바루——있기나 한 것 같구나."

"없어두 그까짓 건 부럽질 않어."

"잘 안 부럽겠다. 여자치구 고운 옷 안 부러운 사람은 암만 그래두 없어."

"옷이나 잘 입으면 뭘 해. 너 이제 십 년만 지나 봐라. 저것들의 꼴이 무어이 되나. 미처 시집두 못 가구 구주주하게……."

그 뒤에는 그들의 이야기는 다른 문제로 넘어갔다. 그리고 이제 오 분이 지나지 못하여 그들은 이제 그 이야기를 잊어버릴 테지. 그런 이야기를 하였는지 안하였는지도 잊어버릴 테지. 가령 기억한다 하여도 가장 변변치 않은 이야기를 한 마디 하였다 하는 이상으로는 기억하지 않을 테지. 그러나 그 이야기가 금패에게는 날카로운 송곳보다도 더 뾰족한 끝이 있었다.

4

금패는 성이 났다.

그러나 그의 성난 이유는 무엇인고. 여학생들이 거짓말을 하였나. 아니, 그들의 말은 처음부터 끝까지 정말이었다. 그리고 또 정말이므로 금패도 성이 났다. 만약 여학생들이 거짓말을 하였더면 금패는 한낱 코웃음으로 그들을 경멸하여 주었을 뿐일 테다. 그러나 그의 노여움의 대상은 무엇이었던고. 여학생들…… 그러나 여학생들과 그의 노여움에는 얼마의 간격이 있었다. 맥주에 맛이 든 손님들인가. 아니다. 금패의 부모도 아니다. 금패 자기도 아니다. 그러면 무엇이냐. 금패의 머리에 떠오른 것은 금패 자기의 경우이었다. 처지이었다.

(나는 이 기회를 타서 금패의 경력을 좀 써 보려 한다.)

그는 쾌활한 성질이었다. 여덟 살까지 속곳뿐으로 길에 나와서 사내애들과 싸우던 것도 아직 그의 기억에 남아 있는 바이다. 아홉 살에 그는 기생의 빛나는 생활을 그리어 기생 서재에 붙여 달라 하여 성공하였다. 열네 살 시사할 때까지에 그는 기생의 일반 재주에 그다지 남한테 지지 않게까지 되었다. 금패는 사내라는 것에게 흥미를 가졌었다. 길에서 곁눈으로 자기를 보는 사내라도 만나면 집에 돌아와서는 거울과 마주 앉아서 몇십 분 혹은 몇 시간씩 자기 얼굴을 들여다보면서 즐기고 하였다.

여학생이라는 것이 차차 변하여졌다. 이전에는 삼십 이상의 늙은 여학생들이 많더니 차차 어린 여학생이 보이게 되었다. 그와 함께 여학생들의 풍조가 차차 사치하게 되었다. 이것을 금패는 '여학생들이 기생을 본받는다.' 부르고, 이긴 자의 쾌락을 맛보는 마음으로 이를 보았다.

노세 젊어서 노세.

늙어를 지면 못 노느니.

이 노랫가락 한 구절이 금패의 가장 즐기는 노래이었다.

때때로 여학생들이 기생을 경멸하는 것을 볼 때에는 그는 성은커녕 오히려 통쾌하였다. 그들(여학생들)은 자기네 기생과 같이 마음대로 거드럭거리지 못하므로 시기함이라, 금패는 이렇게 생각하였다. 그리고 노래하라, 놀라, 웃으라, 즐기라, 거드럭거리라로 끝까지 젊음을 즐기고 삶을 즐기려 하였다.

이리하여 이러한 몇 해는 지났다.

그러나 그의 생애에도 비극의 한 막이 생기게 되었다. 이 비극을 일으키게 한 사람(우리는 그의 이름을 A라 하자), A라 하는 사람은 어디서 금패를 보았는지 그 뒤부터는 만날 금패를 달래기 시작하였다. 금패는 그를 싫어하였다. A는 얼굴이 그리 못생기지는 않았으되, 빛이 없었고 귀가 빈상으로 생기고 게다가 돈이 없는 사람이었었다. 그리고 또 가장 마음에 안 드는 점은 A라는 사람은 멋을 모르는 사람이었다.

어떤 날 밤 어떤 청요릿집에서 표지가 왔으므로 가보매, A 혼자서 벌써 술(먹을 줄 모르는 사람이었는데)을 꽤 먹고 졸면서 앉아 있다가 금패를 보고 인사를 한다. 금패는 시치미를 떼었다.

둘은 먹먹히 앉아 있었다. A는 술도 더 안 먹고 다다미만 들여다보고 앉았다.

A는 한참 말없이 앉았다가 마치 소학생이 선생 앞에 나가듯 겨우 금패의 가까이 와서 금패의 손에 봉투지를 하나 쥐어 주었다.(뒤에 보니 그것은 돈 오십 원이 든 것이었다.) 금패는 아무 대답도 아니하였다. 그러나 A의 저픔(두려움)을 띤 어린애 같은 눈과 동작은 얼마간 그에게 사랑스러

이 보였다. 그날 밤 A는 금패의 집에서 잤다.

한번 따뜻함을 본 A는 그 뒤에도 여러 번 금패를 달랬다. 그러나 푼푼이 몇 달을 모은 오십 원을 한꺼번에 써 버린 그에게는 다시는 돈이 안 생겼다. 금패는 그를 물리쳤다.

눈보라 몹시 치는 어떤 밤이었었다. 금패는 요릿집에서 늦도록 놀다가 밤중 한 시쯤 집에 돌아오니까 A가 눈을 하얗게 뒤집어쓰고 금패의 방문 밖에서(와들와들 떨면서) 금패가 돌아오기를 기다리고 있었다. 술이 잔뜩 취하여서……. 금패는 벌컥 성을 내어 무얼 하러 왔느냐고 물었다. A는 아무 대답 없이 그 자리에서 쓰러져서 엉엉 울기 시작하였다. 이 꼴을 한참 어이가 없이 들여다보던 금패는 자기 아버지와 행랑 사람을 찾아서 A를 내쫓아 달라 하였다. A는 아무 저항 없이 끌려 나갔다.

그날 밤에 금패는 꿈자리가 좋지 못하였다. 몇 번을 악몽에 놀라서는 깨었다.

이튿날 금패의 집에서 멀지 않은 곳에 A가 얼어죽어 있는 것을 그는 알았다. 뿐만 아니라, 그(A)의 주머니에서는(미리 죽을 계획을 하였는지) '자기는 어떤 여자를 사모하였다. 그러나 여자는 자기를 경멸한다. 자기의 사무친 마음은 풀 바 없다. 자기는 애타는 마음을 쓸어 지우기 위하여 이 목숨을 끊어 버린다. 그러나——자기는 역시 그 여자를 미워하거나 원망하지는 않는다.'라는 글까지 나왔다. 그리고 그 '어떤 여자'란 물론 금패 자기였다.

이 일이 있은 뒤에 금패의 마음은 크게 변하였다. 그리고 또 이 일로 말미암아 금패는 두 가지 일을 깨닫게 되었다. 첫째는, 사람의 앞에는 '죽음'이라는 커다란 그림자가 있다는 것이다. 금패 자기의 앞에도 그것은 확실히 있었다. 그것은 언제 뛰쳐나올지 모를 것이다. 십 분 전에도 안 보이던 그 '그림자'가 십 분 뒤에 뛰쳐나온 것을 금패는 보았다. 또 둘째는, 이 세상에는 '돈과 멋' 밖에 '참과 참사랑'이라는 것이 있는 것을 깨달았다. 전 재산(오십 원이라는 돈은 결코 대금이 아닌 동시에 또는 한 사람의 전 재산이었다.)을 던져서라도 얻고자 하는 '참'과, 온 목숨을 던져서라도 아픈 마음을 잊어버리고자 한 '참사랑'을 금패는 보았다. 이것은 금패의 마음에 크게 영향되었다. 이 때부터 그에게는 딴 사람에게 모를 한숨이 생겼고 딴 사람에게 모를 눈물이 생겼다. 야반에 요릿집에서 쓸쓸한 자기 집에 돌아와서 거울과 마주 앉아 하소연할 때, 달 뜬 밤 뛰노는 젊은 피를 거문고로 하늘에 아뢸 때, 또는 잠든 평양 시가를 바라볼 때, 혹은 가을 아침 보얀 안개 틈으로 노 젓는 소리를 들으면서 물에 떠놀 때, 남에게는 모르지만 웃고 즐기는 그의 마음 깊은 속에는 떨리는 듯한, 뛰노는 듯한, 또는 쪼개지는 듯한, 약하고도 강한 느낌이 잠겨 있었다. 정랑들과 즐거이 놀고 있을 때도 마음 속에는 (언제 폭발할지 모르는) 어떤 한숨이 숨어 있었다.

이 동안 그의 머리에는 언제 배었는지 모르지만 한 가지 문제가 성장하였다.

'굵고 짧게 사는 것이 정말이냐, 가늘고 길게 사는 것이 정말이냐?'

A를 생각할 때에 그는 굵고 짧게 사는 것의 무서움을 깨닫는다. 그러나 (또한 A를 미루어) 언제 죽을지 모르는 이 세상에서 구태여 구차스럽게 굴 것도 없다.

그리고 그는 한탄하였다……. 인생 오십 년은 짧지 않다. 그 이상을 살자면 지루하리라. 그러나 그 '오십 년'은 젊고 기쁘게 지내고 싶은 것이라고. 그러나 이것도 도저히 바라지 못할 생각이다, 할 때에 그는 외로움을 깨달았다.

이리하여 금패에게 쾌활한 반면에는 음울이 생기고, 웃음의 반면에는 눈물이 생기게 되었다.

5

눈물 머금은 수정 같은 금패의 맑은 눈은 다시 천천히 여학생들의 배로 향하였다. 그러나 두 배 새에는 어느덧 밝게 장식한 용각선이 끼여서 아까 기생들을 혹평하던 그 여학생은 겨우 등이 조금 보일 뿐이었다.

그러나 그 조금 보이는——무엇을 설명하느라고 들썩거리는——등은 역시 이렇게 말하는 것 같다.

'이제 십 년만 지나 봐, 그 꼴이 어찌 되나.'

금패는 아직 여학생들의 시집간 뒤의 살림을 엿본 적이 없다. 그러므로 그는 온전히 그것을 몰랐다. 그러나 금패의 짐작으로서 바르다 하면, 그 것은 마치 봄에 뫼에 핀 진달래와 같은 것이었다. 연한 자줏빛으로 빛나는 것, 그것이 여학생들의 이 뒷살림에 다름없었다. 피아노, 책을 보고 있는 마누라, 양복한 어린애, 여행, 그것이 그들의 이 뒤의 살림에 다름없었다. 그리고 그것은 큰 즐거움에 다름없었다.

그러나——

'이제 십 년을 지내 보아.'

자기네의 이 뒷살림은 과연 학생들의 말과 같이 '구주주' 할까? 금패는 그것을 똑똑히 생각지 아니하였다. 그러나 그 동안에 순서 없이 몇 가지 생각은 자연히 머리에 떠올랐다. 첩, 병, 매음, 매, 본마누라, 싸움, 이것이었다. 자기네의 앞에 막혀 있는 큰 그림자는 이것이었다.

금패는 고진감래(고생 끝에 낙이 오다)란 말을 들었다. 흥진비래(즐거운 일이 다하면 슬픈 일이 오다)란 말을 들었다.

고진감래가 나은지 흥진비래가 나은지 그것은 똑똑히 가릴 수가 없으되, 어두운 자기의 앞은 넉넉히 볼 수가 있었다. 언제까지 빛날지 모르지만 그 빛이 없어지고 그의 얼굴에 어두운 태가 떠오를 때는, 그 흥진비래가 나타날 것은 자기가 살아 있다는 것과 같이 똑똑한 일이다. 그것은 무서운 일이다. 따라서 싫은 일이다.

그 때는 어찌 될꼬, 그 때는 어찌 할꼬. 이것이 그의 머리에 처음으로 떠오른, 또 처음으로 생각하여야 할 문제에 다름없었다.

금패는 무거운 머리를 아래로 숙였다. 곧 배 곁으로 가늘게 불붙는 불방석 하나가 금패의 장래를 풀려는 수수께끼와 같이 아래로 아래로 흘러갔다. 이것을 잠깐 따라가던 그의 눈은 다시 천천히 들렸다. 뜨거운 눈물이 몇 방울 그의 치마 앞자락에 떨어졌다. 그것은 자포자기의 눈물이었었다. 그리고 또 절망의 눈물에 다름없었다.

금패가 아직껏 경멸하던 것은 여학생들의 '현재'이었다. 그러나 한번 '장래'를 볼 때에는 두 자 새에는 헤아리지 못할 커다란 구렁텅이가 있었다.

즉, 여학생들에게 대하여 더할 나위 없는 적개심이 그의 마음에 일어났다. 서늘한 빛이 나던 그의 눈은 독을 품고 여학생들의 배 편을 보았다. 그러나 그 배는 벌써 어디론가 없어지고 그 근처에는 요릿배 몇이 움직일 뿐이다.

금패는 외로움을 깨닫고 W의 곁으로 갔다. 누구에게든 한 마디의 따뜻한 위로가 듣고 싶었다. 그러나 손님들은 벌써 술에 취하여 정신을 못 차리고 있다. 금패는 다시 뱃전으로 가서 앉았다.

우리가 피차에 남북에 살아도
불변심 석 자는 꼭 잊지 마세.

가까운 어느 배에서 갑자기 찢어지는 듯한 소리가 나면서 장구가 장단을 맞춘다. 그 뒤에는 큰 웃음소리……

하마터면 치마에 떨어질 뻔한 눈물을 빨리 씻고 그는 고즈넉이 머리를 들었다. 벌써 저편으로 가 있는 용각선에서 삼현 육각의 부드러운 소리가 은은히 날아온다……

6

열두 시쯤 그들의 배도 돌아섰다.

요릿집 앞에 그들의 배가 머무른 뒤에 금패는 불구경에서 돌아가는 사람 틈을 꿰고 잠깐 요릿집에 들러서 시간표를 찾은 뒤에 인력거는 그만두고 걸어서 이문골로 들어섰다. 거기는 사람도 적었다.

금패는 무거운 머리를 숙이고 천천히 걸었다. 아까 여학생들에게 비웃긴 때와 온전히 다른 외로움이 그를 괴롭게 하였다.

——사람이 살아간다는 것은 과연 무엇인가. 먹고 입고 일하고 또 먹고 자고 이튿날도 또 같은 일을 거푸 하고——오십 년이라기도 하고 백 년이라기도 하는 일생을 이와 같이 지내니, 살아간다는 것은 과연 이것을 뜻함인가. 즐거운 꿈을 꿈이라 업수이 여기니, 살아가는 동안에 때때로 이르는 즐거움과 '즐거운 꿈' 새에 과연 구별이 있는가. 없는 자는 있기를 바라고 있는 자는 더 있기를 바라니, 사람의 살아간다는 것은 다만 욕심 채움을 뜻함인가. 젊어서 죽은 사람을 애달프다 하니, 늙은 뒤에는 뜻하지 않은 즐거움이 이르는가.

또한 기생이라는 자기네의 지위를 아직껏 자기도 보통과 다른 것으로 알았고 남들도 그렇게 알았으나 어디가 다르냐. 자기네들에게도 느낌이 있었다. 슬픔이 있었다. 기쁨과 웃음이 있었다. 애처로움이 있었다. 다른데가 어디냐. 자기네들도 같은 궤도를 밟아서 나아가다가 마침내는 죽는

데까지 이를 테지. 그 뒤에 또 같은 궤도를 밟아서 죽은 뒤에 오 년만 지나면 이 세상에서 온전히 잊혀져 버리고 말 테지. 오래 살자는 것은 무엇이며 죽기 싫다는 것은 무엇인고. 이것도 다만 끝없는 사람의 욕심에 지나지 못하는가?

마음을 누르는 듯한, 들추는 듯한 괴로운 생각은 꼬리를 이어서 그의 머리에 떠올랐다.

하마터면 그저 지날 뻔한 자기 집 앞에서 정신을 차리고 발을 대문으로 향하려다가 금패는 멈칫 섰다. 그의 귀에는 한 개 음률이 들렸다. 그것은 아름다운 음조이었다. 커다란 물결이 바다에 넘치는 듯 때때로는 조그만 벌레가 신음하는 듯 고요한 밤하늘에 울리어 나가는 그것은 탁문군의 〈상부련〉한 곡조의 거문고 소리였다. 이것은 금패가 돌아오기를 기다리는 금패의 아우가 뜯는 것이었다.

금패는 발을 멈추고 귀를 기울였다.

끓는 열정으로 하소연하는 〈상부련〉의 거문고 한 구절은 어르는 듯 아뢰는 듯 은은히 울리어 온다.

잠깐 서서 이를 듣던 금패는 가만히 대문 안으로 들어서서 안으로 잠그고, 누구냐고 묻는 아우의 물음에 대답하고는 자기 방에 들어가서 옷을 갈아입은 뒤에 거울과 마주 앉았다.

마음을 들추는 괴로운 생각은 또다시 금패를 눌렀다. 눈이 멀거니 앉아 있는 그의 머리에는 또다시 머리 없고 꼬리 없는 생각이 지나가고 지나가고 하였다.

그러나 얼마 동안을 이렇게 앉아 있던 금패는 손을 들어 머리를 쓰다듬었다. 이제껏 엄숙한 빛이 있던 그이의 얼굴에는 독을 머금은 비웃음이 떠올랐다.

'같지두 않은 생각을 하고 있댔다.'

그는 거울에 비친 자기의 얼굴에다 말하였다.

지금의 금패에게 말하라면 '인생'이란 풀기 쉬운 수수께끼였다. 그러나 사람들은 그렇게 해석하기가 싫어서 뭉갤 뿐, '인생'이란 것같이 풀기 쉬운 수수께끼는 다시 없었다. 한 마디로 말하자면 같잖고 변변치 않고, 괴롭고 쓸쓸한 것, 이것이 '인생'이었다. 그리고 이 괴롭고 변변치 않고 쓸쓸한 '인생'을 살아갈 유일의 방책은 순간순간의 쾌락을 취할 것, 이것밖에는 도리가 없다. 오는 날의 일을 생각하면 무엇하랴. 오늘 밤 어떤 일이 생길지 모르는 이 '인생'에서…….

장생술 거짓 말아!
불사약 그 뉘 본고.
진황총 한무릉도.
모연추초뿐이로다.
인생이
일장춘몽이니,
아니 놀고 어이리.

그는 속으로 읊으면서 벌떡 일어서서 아우의 방으로 건너갔다.

아직 쓴 것을 모르는 아우는 거문고를 밀어 놓고 어느덧 잠이 들어 있다. 순결한 두 젖을 내어놓고 숨소리 고즈넉이 잠이 들어 있다.

금패는 그의 머리맡에 가 앉아서 널따란 아우의 댕기를 어루만지면서 그의 달같이 밝고 모란같이 예쁜 얼굴을 사랑스러이 들여다보았다.

──너는 아직 아무것도 모른다. 사람이란 무엇인지, 사내란 어떤 것인지, 우리 '기생'이란 어떤 것인지……. 무엇을 보든 기쁘고 즐겁고, 무엇을 대하든 춤추고 날뛰고 싶을 때──지금이 제일이느니라. 그러나 네게

도 바람과 물결이 이를 테지. 그 날이 멀지 않았구나. 서러움을 모르는 네 눈에서 핏물이 나며 지금 고즈넉이 들썩거리는 네 가슴이 찢어지는 것 같은 날, 그 날이 멀지 않았구나. 서러움을 모르고 저픔을 모르는 너는 그 날에 얼마나 놀라랴. 그 날이 얼마나 무서우랴. 그러나 피할 수 없는 것이 우리의 운명이다. 어찌하랴.

금패는 아우의 손을 꼭 잡았다. 고요히 잠들었던 아우의 눈이 조금 벌어졌다. 금패는 참지 못하여 눈같이 흰 아우의 가슴에 머리를 묻었다. 뜨거운 눈물이 그의 눈에서 흘렀다.

7

날이 차차 더워지면서, 대동강 위의 뱃놀이는 더욱더 많아지고, 취케 하는 듯한 따뜻함에 한잔 술로써 미인과 마주 앉아서, 가는 봄을 조상하려는 사람이 더 늘었다.

금패도 분주하게 되었다.

뱃놀이, 연희, 술좌석, 모든 것은 금패를 기다렸다.

하염없이 불리어 가는 금패는, 돌아올 때는 그래도 얼마의 유쾌함을 얻고 하였다. 평양 명기, 자랑스러운 이 한 마디는 기쁨을 낳고 기쁨은 유쾌를 낳아서, 쓰러지고 싶은 그의 마음을 얼마는 위로를 하였다.

그러나,

'십 년을 지나 봐.'

파일 밤에 들은 이 한 마디로 말미암아 생긴 마음의 허물은 없어지지를 않았다.

"언제 죽을지 모르는 이 인생에서 ……."

과연, 이 한 마디는 그 허물을 없이할 수가 있을까.

돌이켜,

'백 살까지 살지도 모르는 이 인생에서'

과연 어찌 되노.

이리하여 알 듯한 모를 듯한, 보이는 듯한 안 보이는 듯한 저픔은, 그의 마음 깊은 데서 떠나지를 않았다.

그는 모든 것을 보려 하였다. 들으려 하였다. 알려 하였다. 생각하려 하였다.

그는 그의 교제하는 사회 범위 안에서 모든 것을 보고 들으려 하였다. 그러나 술을 먹고는 거꾸러져서 정신을 못 차리는 소위 손님과, 자기가 이즘 서방을 안한다고 밤낮 힐책하는 부모와, 이성의 내음새를 그리는 무르익은 아우와, 이것밖에는 보는 것이 없었다. 음란한 노래와, 음란한 말과, 변변치 않은 헛소리밖에는 들은 것이 없었다.

그는 그의 머리, 그의 지식이 허락하는 한 모든 것을 알려 하고 생각하려 하였다. 그러나 이전에 안 바, 그 이상 새 지식은 나오지 않았고, 더 깊이 생각하려면 머리가 섞바뀔 뿐, 모든 것은 수수께끼가 되어 버리고 하였다. 이리하여 그의 계획이 낳는 바는, 다만 신경 과민과 수면 부족이고 모든 예기는 틀려 버렸다.

그 가운데 그가 다만 하나 안 바는, 그는 결코 남에게 온전한 사람의 대접은 못 받고 있다는 심히 불유쾌한 점이었다. 손님은 그들(기생들)이 '업수이 여길 수 있으므로 사랑스러운 동물'로 알았다. 부모는 '돈벌이하는 잡은 것'으로 대하였었다. 예수교인은 마귀로 알았다. 도학자는 요물로 알았다. 노동자는 자기도 돈만 있으면 살 수 있는 '물건'으로 알았다.

어린애들은 '영문 앞의 도상'이라고 비웃어 줄, 곱게 차린 동물로 알았다. 늙은이나 젊은이나 한결같이 그들을 다만 춘정을 파는 아름다운 동물로 알 뿐, 한 개 인격을 가진 사람으로는 보지 않았다. 그를 사랑하는 자나 미워하는 자나, 또는 (돈이나 경우로 말미암아) 감히 접근치도 못하는 자까지도 그를 어떤 음란스런 생각 아래서 볼 뿐, 한 개 사람으로는 안 보았다.

금패는 이전에 자기네들을 대단히 업신여기는 어떤 사회 사람들도 마음으로는 자기네들과 친근키를 원하는 것을 발견하고, 역시 사내란 약한 것이고 위선의 덩어리라고 기뻐한 적이 있었으나, 이것 역시 자기네를 '사람'으로 보지 않고 춘정을 파는 아름다운 동물이라 생각함에 있다 하며, 끝없는 모욕심의 감을 깨닫지 않을 수 없었다.

이리하여 새로 발견하는 사실은, 어떤 것이든 금패의 마음을 저상케 하는 칼이 아닌 자 없었다. 이 한 문제도 금패의 머리에 꽤 크게 울리었다.

이리하여 웃기 잘하고, 쾌활하고, 이야기 잘하고, 노래 잘하고, 애교 있던 금패는, '웃었다 울었다, 성내었다 생각하였다 하는 신경질의 금패'로 변하였다.

이러는 동안에 또 한 타격이 금패에게 이르렀다.

8

어떤 따뜻한 날이었다.

금패는 가벼운 마음으로 열두 시쯤 조반을 먹고, 세수를 한 뒤에 자기 방으로 돌아왔다. 일기의 탓인지 금패는 별로 마음이 내려앉지 않게 유쾌하였다.(이날은 서남풍이 사람의 젊은 마음을 충동하듯 솔솔 불었다. 하늘에는 구름이 분홍빛으로 엉기어서 날아다녔다. 나비가 들에 떠다녔다.) 그는 벗의 집에라도 놀러 갈까 하였으나, 그것은 썩이 마음이 붙지 않아서 어찌할까고 손을 비비며 앉아 있을 때에, 대문에서 나는 자기를 찾는 손님의 소리를 들었다. 금패는 내어다보았다. (이전에 서너 번 함께 놀아 본) Y라는 손님이 알지 못할 손님 하나를 데리고 왔다.

"오래간만이외다그래. 어서 들어오세요."

금패는 되었다 하는 마음상으로 손님들을 환영하였다.

"어디 가는 길인가?"

Y가 물었다.

"괜티않아요. 들어오세요."

"그럼 들어가세."

하면서 Y는 새 손님을 재촉하여 방 안에 들어왔다.

"그 새 어디 가셨댔어요?

"응."

"어디요?"

"여기저기 좀."

Y는 희미한 대답을 하였다. 그리고 몇 가지 이야기가 왔다갔다 한 뒤에, Y는 새 손님에게 향하여 일어로 물었다.

"어때?"

"꽤 예쁜데!"

새 손님은 씩 웃었다.

금패는 새 손님을 기생집에 처음으로 와 본 사람이라고 감정하였다. 그러나 새 손님은(대담히도) 정면으로 수리와 같은 눈으로 금패의 얼굴을 본다. 금패는 그것을 피할 겸 담배를 붙여서 권하였다.

새 손님은 담배를 받고, 또 한 번 씩 웃으면서(역시 일어로) Y에게 말하였다.

"이상해."

"무어이."

"난 젊은 기생 앞에선 얼굴이 붉어져서 동작을 마음대로 못하는데, 이 기생이라는 여성께 배알할 때는(내 첫 경험이지만) 뭐, 마치 암캐나 암탉과 마주 선 것 이상 마음의 변화가 안 생기는구먼 ……."

"그만두어, 여긴 철학 연구소가 아니야."

Y는 좀 핀잔을 주는 듯이 말하였다. 그러나 새 손님은 그런 것을 염두에 두지 않은 듯이 말을 계속하였다. 눈으로만 별하게 웃으면서 ……. 물론 그 가운데는 기생집에 처음 온 사람의 항용 하는 태도로 좀 저어하는 듯한 쾌활함이 있기는 있었지만.

"자네네 같은 유객에게는 장소의 구별이나 할 말 안할 말이 구별이 있는지는 모르지만, 내게 말하라면 필경코 같애. 그들이 사람이 아니라고 감정했을 것 같으면, 아무 데서구 직토하구, 또 ……."

"사람이 아니면 무에란 말이야, 그래?"

Y는 새 손님의 말을 가로채어 물었다.

"듣고 싶은가?"

새 손님은 머리를 끄덕이며 웃었다. Y는 가만 있었다. Y가 대답이 없으니까 새 손님은 자기가 혼자서 대답을 하였다.

"실상은 나두, 사람 아니라구는 안해 ……가만! 그래 사람이 아니야. 확실히 사람이 아니야. 박쥐일세, 박쥐 ……."

"박쥐? 밤에 밥벌이한다구……?"

"음, 오히려 박쥐는 새구두 조류가 아닌 것처럼, 기생은 사람이구두 인류에 못 든다는 편이 옳을 테지."

금패는 얼굴에 피가 한꺼번에 받쳐 올라오는 것을 깨달았다. 너무 심한 말이었다. 그들은 물론, 금패가 일어를 모르는 줄 알고 이야기를 한 것이겠지만, 설혹 모른다 하여도 당자를 곁에 두고 이렇게까지 하는 것은 너무 혹독한 것이다. 금패는 새 손님을 처음 보는 순간, 벌써 '되지 않은 녀석'인 줄 알았다(고 생각하였다).

그러나 새 손님은 온전히 금패를 주의치 않는 듯싶었다. '박쥐'에서 시작된 이야기는 이렇게 변하였다.

──자기는 아직껏 기생이라는 것을 교제는커녕 알지도 못하였다. 그저께 여기(평양)를 내려올 때에, 기차에서 자기 맞은편에 기생이 앉아 있었는데, 이것이 자기로서는 가장 기생과 가까이 앉아 본 첫 경험이다. 그러나 자기는 한 가지를 안다. 그것은 자기의 직감은 대개는 틀림이 없다는 것이다. 이 직감으로 기생을 볼 때에 …….

이렇게 마치 연설하듯 설명하여 오던 새 손님은 한 번 담배를 빤 뒤에 말을 연하여 한다.

"그렇지, 그것. 껌 발춘기, 그것이야. 소위 손님네라는 자네들두 그것으로 알지 않나? 기생의 부모두 그것 판매인으로 자인하구. 짐승들두 부모의 애호는 받는데! 또 기생 자기네들두 그것으루 생각하구. 어때 내 말이 거짓말인가?"

Y는 아무 말도 안하였다. 새 손님은 또다시 이야기를 이었다.

"이 세상에 사람이구두 사람이 아닌 것에 두 종류가 있는데, 하나는 기생이고 하나는 징역꾼이야. 그런데 여기 특별히 주의할 현상은 무엇이냐 하면 두 자 다 사람은커녕 오히려 짐승보담두 썩 못한 대우와 속박을 받고 있다는 점이네. 그것은 나보담두 자네가 더 잘 알겠네. 즉, 사람이구두 사람이 아닌 자는 짐승 이하의 대우를 받는단 말이야. 그런데 여기 더 안된 것은 기생이라는──사람이라 해 주지──'사람'은 자기네 생활에 만족은커녕, 오히려 만심(젠체하면서 남을 업신여기는 마음)을 품구 있지 않나. 자기는 '기생 각하'라구 ……나는 이렇게 생각했네. 사람이란 경우에 따라서, 온 이렇게까지 극단의 바보두 되구 이렇게까지 근성의 꼬리까지 썩는 것이냐구……우리들은 우리들 자기의 생활에 두 만족을 못하는데 ...."

금패는 까딱 안하고 이런 말을 다 들었다. 뿐만 아니라 손님들이 갈 때에도 조금도 이전과 틀림없이 인사를 하였다. 그러나 그의 마음은 찢어지는 것같이 아팠다.

9

이러한 한 달 새에 금패의 성격은 노파와 같이 늙고 도학자와 같이 까다로워졌다.

마음을 대단히 충동시키는 듯한 어떤 저녁이었다. 그것은 첫여름에 흔히 있는(더운 듯한, 서늘한 듯한) 날로서, 달 없는 초승 하늘에는 겨우 직녀가 반뜩이며, 길모퉁이마다 단소 부는 무리가 모여 섰는, 이러한 저녁이었다. 그리고 또 젊은 평양 사람들로서 대동강 가에 거치지 않을 수 없게 하는 무엇을 속삭이는 듯한 저녁이었었다.

금패는 저녁을 먹고 불표(임시 휴업)를 단 뒤에, 대동강 가에 나섰다.

하늘은 벌써 새까맣게 되었다. 개밥바락별도 벌써 안 보이게 되었다. 엷은 구름같이 보이는 은하만이 하늘에 '밝다' 일컬을 유일의 것이었다.

대동문이나 연광정에서 하루 종일 패수가 흐르는 것을 들여다보고 앉아서도, 일호의 갑갑함도 깨닫지 않던 선조의 피를 받은 평양 사람들은 벌써 꽤 많이 대동강으로 모여들었다.

금패는 천천히 발을 옮겨서 옥류병 위로 가서 아래를 내려다보았다. 새까만 물 가운데 은하의 그림자로 금패는 어두운 가운데 오르내리는 무수한 마상이(통나무를 파서 만든 작은 배)를 보았다. 그 가운데는 창가를 하는 사람도 있었다. 조선 노래를 부르는 사람도 있었다. 시조를 읊는 사람도 있었다. 만돌린을 뜯는 사람도 있었다. 그리고 그들은 대동강의 깊음과 마상이의 작음이며, 또는 익사자의 존재를 온전히 부인하는 듯이 희희낙락히 오르내린다.

이것을 한참 내려다보던 금패는 자기도 물 위를 떠 놀고 싶은 생각이 나서 어떤 마상이 주인집에 가서 한 짝 얻어 타고 나섰다. 왼편 팔을 가볍게 움직일 때에 마상이는 미끄러지듯이 대동강 위에 떠나간다. 어디로 갈까 하고 잠깐 생각한 뒤에 금패는 반월도로 향하여 가만가만히 저어 올라갔다. 어두움 가운데 갑자기 소리가 날 때에 거기를 보면 마상이가 있다. 조용한 가운데 갑자기 물소리가 날 때에 거기를 보면 또한 마상이가 있다. 평양 사람은 모두 마상이에 있지 않나 생각되도록 대동강 위는 흥성스러웠다.

조용함을 찾으러 나온 금패는 마상이들을 피하면서 가만가만 반월도를 향하여 올려 저었다. 이리하여 반월도 아랫머리까지 저어 올라간 금패는 윗머리까지 가고 싶었으나 팔이 곤하여졌으므로 그만 닻을 주기로 하였다. 사실 거기도(때때로 뜻하지 않은 어두운 데서 마상이가 뛰쳐나오기는 하지만) 조용한 편이었었다. 금패는 닻을 물에 첨벙 떨어뜨리고 마상이에 드러누웠다.

인공적이라 하여도 좋도록 예쁜 높은 하늘이었다. 거기는 황금빛 별들이 반득이고 있었다. 때때로 기러기가 날아다니는 것이 보였다.

금패는 이것을 바라보면서(그것은 극히 막연하지만) '무궁'이라 하는 것을 보았다. 별 위에 또 별, 그 위에 또 별, 그 위에 또 무엇, 그리고 그것은 무궁의 심벌에 다름없었다. 그 큰 하늘에 비기건대, 사람은 참으로 더럽고 불쌍한 것이었다. 사람이 살려고 애를 쓰는 것은 마치 너른 바다에 빠진 조그만 벌레가 벗어나갈 길을 찾음과 마찬가지일 것이다. 애를 쓰면 무엇하랴, 마침내 운명이라 하는 큰 힘에게 지지 않을 수 없을 것이다. 바다에 빠진 벌레로서, 만약(가장 조그만 것으로라도) 즐길 기회가 있기만 하면, 그것은 기껏 과장하여 즐겨 두는 것이 그에게는 가장 정당하고 영리한 처세법이라 아니할 수 없다. 즐겨 두어라, 놀아 두어라, 걱정하면 무엇 하며 애태우면 무엇 하랴. 그것도 마침내는 사라지고 너른 하늘과 거기 반득이는 별들만이 영구히 남아서 사람의 쓰러짐을 비웃고 있을 테 다 …….

금패는 꿈꾸듯 이런 생각을 하면서 누웠다.

10

마상이에 부딪쳐서 좌우편으로 갈라지면서 똘똘 흐르는 물소리는 금패를 졸음 오게 하였다. 몇 번 정신을 차려 보았으나 규칙 바르게 나는 물소리는 피곤한 그를 또다시 취케 하고 있었다. 달콤한 꿈에서 깨기는 싫었으나, 온전히 잠이 들면 안 되겠다 생각하고 금패는 일어나서 세수를 한번 하고 다시 드러누울 작정으로 세수하러 마상이 전으로 갔다.

금패는 자기가 어찌 되었는지 몰랐다. 다만, 머리에 흐르는 물을 입으로 푸——푸 뿌리면서 마상이 전을 붙잡고 물에서 마상이로 올라오려고 애를 쓰는 자기를 그는 발견하였다. 그는 어느덧 마상이에서 떨어진 것이었다.

온갖 힘과 애를 다 써서 겨우 마상이에 올라온 그는 몸을 사시나무와 같이 떨었다. 추위와 무서움이 함께 그의 몸을 습격하였다. 그러나 그 무서움이 무엇에 대한 것인지 금패는 몰랐다. 저편 앞에 왈왈 하는 여울에 물 흐르는 소리까지 그의 두려움을 더하게 하였다.

그는 그 무서움에 참지 못하여 옷을 짤 겨를도 없이 빨리 떨리는 손으로 노를 저어서 시가 쪽으로 향하였다. 여울에 들어서면서 무서운 물 힘에 밀려서 마상이는 쏜살같이 이편 쪽(시가 쪽) 언덕에 가까이 왔다. 금패는 조금 안심되어 눈을 들었다. 사람의 말소리도 들리게 되었다.

이 때야 금패는 겨우 정신을 가다듬고 사람의 눈에 아니 뜨이는 곳으로 마상이를 저어 가서 옷을 하나씩 벗어서 짜 입은 뒤에 다시 시가 쪽 언덕, 마상이 주인의 선창에 갖다 대었다. 그리고 마상이 주인집에는 들르지 않고 좁은 길로 빠져서 자기 집에 돌아와서 (아직 대문이 열린 것을 다행히) 몰래 자기 방에 들어왔다.

방은 아까 불을 끄고 나간 대로 그대로 있었다. 그는 불은 켜지 않고 손으로 더듬어서 옷을 얻어 갈아입은 뒤에 물에 젖은 옷은 뭉쳐서 모퉁이에 박고 쓰러지듯이 그 자리에 엎디었다.

그의 마음은 맥나고 괴상하게 떨렸다. 온갖 설움이 그의 마음을 눌렀다. 그러나 그 설움은 모두 수수께끼같이 이상하게 범벅된 모를 것들이었다.

이러한 불안 속에서도 그는 다만 한 가지뿐을 똑똑히 의식하였다. 그것은 아까 그 때 자기 앞에 나타난 '죽음'이라는 검은 그림자에 대한 것이었다. 그리고 그 가운데는 아까 자기는 왜 온전히 죽어 버리지 않았나 하는 생각도 섞여 있었다.

11

아낙네들이 기다리는 오월 단오가 이르렀다.

우리는 백이 숙제니 무엇이니 하는 어려운 문제를 끄집어낼 필요가 없다. 그러나 차차 속되어 가고 차차 없어져 가는 이전의 아름다운 풍속들을 돌아다볼 때에 한 애처로운 느낌을 깨닫지 않을 수가 없다.

단오 명절은 아낙네의 날이었다. 남인 금제의 불문율을 걸어 놓은 아낙네의 날이었다. 일년 동안을 '마누라' 라는 신성한 직업에 골몰하였던 그들이 하루 동안을 편안히 쉬는 날이었다.

지금은 없어졌지만 그 당시의 젊은 평양 여인이 기껏 잘 차린 뒷모양은 사람으로 하여금 신성한 느낌을 일으키게 한 것이었었다. 기다란 은행색 치마에 남빛 배자로 장식한 송화꽃 저고리와, 그 위에 나비와 같이 예쁘게 올라 앉은 수건 새로 때때로 펄럭이는 새빨간 댕기의 뒷모양은 사람으로 하여금 정욕이니 육욕이니 하는 생각을 온전히 초월한 신성한 아름다움을 느끼게 한다.

그것은 극도로 장식된 인공미였다. '사람' 이라는 것보다 오히려 인형에 가까운 아름다움이었었다. 그리고 따라서 '자연' 이라는 것보다 한 예술품이랄 수가 있었다.

아침 동안에 마음껏 차림을 차린 그들은 열한 시쯤부터 차차 떼를 지어서 동산으로 모여든다. 동산에는 그들을 기다리는 그넷줄이며 각 장수들이 벌써 준비되어 있다. 이리하여 오후 두 시쯤까지에는 동산은 젊은 아낙네들로 메워진다.

이 때에 만약 우리가 모란봉 꼭대기나 을밀대에 가서 동산을 내려다보면 거기는 각색 농후한 색채가 흐트러지고 섞여져서 범벅으로 뭉기고 있는 것을 볼 수가 있다. 그리고 또 가지 좋은 소나무마다 늘어져 있는 그넷줄에는 은행색과 남빛이 범벅으로 팔락이며, 그 그넷줄 아래는 차례를 기다리는 개미와 같이 조그만 여러 가지 빛이 아물거리고 있는 것을 볼 수 있다.

동산에 모여든 아낙네들은 일 년에 한 번 이르는 이 명절에 모든 일을 생각지 않고 모든 일을 잊어버리려 한다. 그들은 늘 지켜 오던 모든 예의

와 염치를 내어던지고 마음껏 자유롭게, 마음껏 유쾌하게, 마음껏 즐겁게 이 날을 지내려 한다. 그들은 다른 때는 천스럽다고 곁에도 가지 않던 분을 이 날은 마음껏 희게 바르며 행랑 갈보들과 같이 그넷줄 아래서 뛸 순서를 다투며, 심지어는 단오의 평양을 구경 온 외촌 사람들의 두룩거리는 얼굴에 터지는 듯한 웃음까지 부어 준다.

웃음소리, 지껄이는 소리, 다툼 소리, 그네를 밟는 소리, 서로 찾는 소리——이리하여 환락의 날은 차차 저물어서 해가 만수대 위에서 차차 벌겋게 될 때에는 그들은 내일 다시 이를 자유로울 날을 생각하면서 떼를 지어서 각각 자기의 집으로 돌아간다.

하룻밤의 단꿈에 피곤함을 모두 지워 버린 그들은 이튿날 아침 다시 모양을 차리고 뒷동산으로 모여든다. 거기는 어제와 같은 즐겁고 흐트러지고 자유로운 날이 다시 그들을 기다린다. 오월 초엿새의 유쾌한 명절을 그들은 또 어제와 같이 지낸다.

오월 초이렛날(마지막날)은 그들은 기자묘에 모여서 일 년 동안에 한번 이르는 자유로운 명절의 마지막 날에 상당하도록 가장 성대히, 가장 유쾌히, 가장 즐겁게 논다. 이러다가 해가 용악으로 넘어가렬 때쯤은 지금 집에서 자기를 기다리고 있는 남편이며 또는 며칠 전 말라만 두고 시작은 안한 자기의 모시치마를 머릿속에 그리면서 각각 자기의 가정으로 돌아간다.

이리하여 아낙네의 명절은 막이 닫힌다.

12

첫 명절날(닷샛날) 금패는 모든 뱃놀이와 술좌석을 물리치고 친한 손님 몇(W, H, K)과 더불어 어죽(생선죽)놀음을 떠나기로 하였다.

어죽놀이에는 맞추인 일기였다. 오월치고는 뜨거운 날이었지만 물에 들어서서 일을 하여야만 할 그들에게는 맞추인 일기이었었다. 뿐만 아니라 회강돌이로 주암까지 가서 죽을 쑤려고 나선 그들에게 없지 못할 밀물은(벌써 아침 열 시쯤부터 밀기 시작하였지만) 그들이 떠나는 낮 열두·시쯤은 대동강을 바다와 같이 넓게 하고도 무엇이 부족하여 그냥 오른다. 대동강 특유의 달콤한 하늬바람이 밀물에 몰려 오르는 물결을 거슬러서 해뜩해뜩한 물결을 일으키고는 있었지만, 힘세고 빠른 밀물의 힘에 몰려 올라가는 그들의 배는 그 바람을 거스르면서 반월도를 뒤로 감돌아서 능라도 뒤로 위로 위로 올라갔다.

단오 명절은 동산에만 이르지 않고 쥐무덤, 자라옷까지도 이르렀다. 자라옷의 무성한 수양버드나무에도 그넷줄이 늘어져 있고, 당시에 유행한 송화빛과 은행색이 그 그넷줄 위에서 춤을 춘다. 약간 부는 하늬바람에 불려 올라가듯 너울너울 앞으로 높이 솟아 올라갔다가는 다시 은행색 치마를 휘날리면서 뒤로 솟아오르고──그럴 때마다 힘을 주는 '쉬' 하는 계집애의 아름다운 소리가 날아온다.

금패네 배는 그것을 멀리 바라보면서 능라도로 붙어서 그냥 위로 올라갔다. 이리하여 그들의 배가 주암의 어떤 어죽 쑤기 좋은 자리 앞에 이른 때는 오후 두 시 반쯤, 기껏 올랐던 밀물이 그 반동으로 힘을 다하여 찌기 시작한 때였다.

"거 어죽 쑤기 좋은 자리루다."

과연 거기는 어죽 쑤기에는 능라도나 반월도 근방에는 쉽지 않을 만치 온갖 것을 갖춘 자리였었다. 물바닥은 대동강 특유의 가는 모래요, 물 맑고 언덕은 잔디밭이요, 그 위에는 커다란 수양버들이 좋은 그름자를 띄우고 있다. 앞으로는 기역자로 꺾어지면서 능라도 때문에 두 가닥지로 갈라진 대동강을 끼고, 평양성 내가 멀리 보얗게 내어다보인다. 그들은 거기서 내렸다. 그 뒤로는 사공이 닭이며 쌀, 나무, 짠지 또는 솥들을 나르고 자리를 정하여 거기 솥 걸 자리를 자갯돌로 쌓아 놓았다.

"자, 누가 닭을 잡겠나?"

H라는 손님이 둘러보면서 말하였다.

"내 닭백정 노릇 하마."

K가 대답하고 버선을 벗어던진 뒤에 다리를 걷고 칼과 닭을 가지고 물가로 갔다.

W는 솥에 물을 담고 불을 지피고, H는 쌀을 씻고 하여 이렇게 직분은 작정되었다.

금패는 별로 말할 수 없이 마음이 즐거워서 연엽이와 함께 풀밭도 거닐고, 또는 송화빛과 은행색이 개미와 같이 얽혀 있는 모란봉 근처도 바라보며, 때때로는 일을 하는 손님들에게 농담도 던져 보며, 그럴 때마다 큰소리로 이유 없이 웃곤 하였다.

"저 뒤에 가 보자."

"가 보자꾼."

연엽의 동의에 금패는 가볍게 대답한 뒤에, 손님들을 내버리고 풀향기를 들이마시면서 차차 동리로 가까이 갔다. 이리하여 동리 앞에 거의 이르매, 거기도 단오 명절이라고 아이들은 모두 새 옷을 입고 멀리 바라보이는 데는 그넷줄도 늘어져 있다.

"돼지에게 은방울을 단 것 같구나."

연엽이가 촌 아이들이 자기네 뒤를 따라오는 것을 보고 금패에게 말하였다.

"가만 얘, 돼지구 뭐이구 저게서 찾나 부다."

금패는 손님들 있는 편으로 돌아섰다.

과연 K는 어느덧 닭을 다 죽였는지 두 마리의 닭을 높이 두르면서 금패의 편을 향하여 고함친다.

"너희들두 한 마리씩 돼라."

"발쎄 물 끓였나요?"

"끓기는커녕 털꺼정 불쿠었다."

"됩세다가레. 것두 걱정이외까?"

금패와 연엽이는 K에게로 달음박질하여 가서 뜨거운 물이 뚝뚝 흐르는 닭을 한 마리씩 받아 가지고 물가로 갔다. 끓는 물에 잘 무른 털은 손을 댈 새가 없이 툭툭 빠졌다.

"잘은 뽑아진다."

"네핸 잘 뽑히니? 내핸 당초에 안 뽑아디누나……."

이렇게 연엽이가 머리를 닭에게 향한 대로 대답하였다.

"바꾸어 달라니?"

"정 바꿔 주렴."

"찍! 먹갔니?"

금패는 연엽에게 농담을 한 번 던진 뒤에 닭을 새빨갛게까지 벗겼다.

"다 튀했쉐다."

금패가 언덕을 향하여 고함쳤다.

"튀했으면 배 가르구 각을 뜨렴."

K가 금패를 향하여 고함쳤다.

금패는 칼을 집어다가 닭의 각을 뜨고 배를 가르고 내장을 꺼내고 하여 모든 손질을 끝낸 뒤에 바가지에 담아 가지고 솥 걸어 놓은 데로 갔다.

"수고했네."

H가 닭을 받아 솥 속에 넣었다.

"나리들 재간이 이만 하갔소?"

금패는 자랑스러운 듯이 돌아서면서 담배를 붙여 물었다.

연엽의 닭도 다 되었다. 쌀도 넣었다. 인제는 닭이 무를 동안 불 때는
W밖에는 할 일이 없었다.

뽕두 딸 겸 임두 볼 겸…… 금패는 가는 소리로 부르면서 혼자 강가로
나왔다. 물결이라고 부르기에는 너무 사랑스러운 조그만 물결이 찰싹찰싹
강가 모래 위를 스치고 달아나곤 한다. 물 속에는 작은 고기새끼들이 닭
의 털을 희롱하며 팔딱거린다.

이것을 들여다보면서 머리로는 '살림살이' 라는 것을 그려 보았다. 남편
과 아내가 힘을 같이하여 온갖 일을 하며 틈이 있을 때마다 같이 즐거이
웃고 날뛰며――아아 그것은 과연 아름다운 '살림살이' 에 다름없었다.
'어죽놀이' 그것은 살림살이의 한 단편의 축도에 다름없었다. 만약 살림
살이라는 것이 과연 '어죽놀이' 와 같다 할 양이면, 그것은 이야기에 들은
'극락 세계' 그것에 다름없었다. 남편의 근심은 아내가 같이 슬퍼하고 아
내의 걱정에 남편이 근심하고――아아, 그들 앞에 과연 걱정이 있다 하면
그것이 무엇이며, 근심이 있다 하면 그것이 무엇이랴. 그것은 봄을 만난
눈이며 물을 만난 소금이 아닐까.

금패는 이런 생각을 하며 앉아 있었다.

13

"금패두 고기 뜯게."

금패는 펄떡 놀라서 일어섰다. 저편에서는 벌써 잘 무른 닭의 고기를
솥에서 꺼내어 놓고 뜯기 시작한 모양이다. 금패는 가만가만 그리로 갔
다.

"무엇을 했댔니? 외딴 데서 함자서?"

연엽이가 이렇게 금패에게 말을 걸었다.

고구천변 일륜홍
　　부상에 둥실 높이 떠

　　금패는 대답 대신으로 노래를 하면서 고기를 뜯기 시작하였다. 이리하여 다섯 사람은 고기 바가지에 둘러앉아서 뼈를 추리고 고기는 모두 모아서 쌀과 함께 솥 속에 넣은 뒤에 마침내 기다리던 술추렴을 시작하였다.
　　"아씨들은 뼈다구나 핥게."
　　"누굴 개인 줄 압네까?"
　　하면서 금패는 뼈를 하나 집어서 거기 아직 붙어 있는 고기를 뜯기 시작하였다.
　　해는 벌써 모란봉 마루를 넘기 시작하였다. 강물은 그 해에 반사하여 새빨간 빛을 그들에게 보낸다. 금패네가 앉아 있는 곳도 물결의 반사로 말미암아 새빨갛게 되었다.
　　"아이구, 눈 시다.──나두 한 잔 주소고래. 당신네만 잡숫갔소?"
　　금패는 바싹 들어앉으면서 말하였다.
　　"얘, 너두 술 먹을 줄 아니?"
　　"애개개, 망측해라. 그만두라우, 얘."
　　K와 연엽이가 눈이 둥그래서 금패를 보았다.
　　그러나 금패의 얼굴이 농담이 아닌 것을 보고 한 잔 주었다. 금패는 그것을 받아 꿀꺽 삼켰다.
　　"얘, 용타."
　　어느 손님이 말하였다. 그러나 금패의 눈에서는 눈물이 나오려 하였다.
　　"아이구, 쓰다."
　　그는 침을 덜걱덜걱 삼키면서 겨우 말하였다.
　　"네 봐라. 먹을 줄도 모르는 거. 이담엔 아예 먹디 마라."

"마사무네(일본산 청주)완 다르타."

"다르티 안쿠."

첫 잔에 금패는 벌써 눈 주위와 귀에 더위를 깨달았다. 그러나 그 다음 잔도 금패는 빠지지 않고 마셨다.

어떤 까닭인지는 모르지만 그의 마음은 술을 요구하였다. 차차 뒷목에서 뚝뚝 소리가 나기 시작하였지만, 점점 흥이 돌아가는 손님들을 볼 때에 그의 마음에서는 술을 요구하였다.

"아이구, 급하다."

석 잔 넉 잔 하여 다섯 잔 여섯 잔까지 먹고, 얼굴이 새까맣게까지 되었을 때에 금패는 어지러움을 참지 못하여 그만 그 자리에 쓰러졌다. 손님들이 너 먹어라, 나 먹었다 서로 권하는 소리가 마치 강 건너편에서 나는 것같이 흐리게 금패의 귀에 들리게 되었다. 온몸의 무게가 허파에 모인 것과 같이 허파의 괴롭기가 짝이 없었다.

"사람 살리소고래."

금패는 그만 신음하였다.

"왜 그러니?"

누가 이렇게 물었다.

"죽갔시오."

"글쎄, 술은 먹을 줄두 모르는 꼴에 왜 먹는담. 좌우간 배루 가자. 데레다 줄게. 거게 누워 있거라."

"괜티않아요."

"괜티않딜 않아! 그러다가 게우면은 어데칼라구. 자 일어나라."

"가만, 움쭉을 못하갔시오. 움즉이믄 게우갔시오."

금패는 구역을 참으며 겨우 중얼거렸다.

"이걸 또 업어다 줘야나? 하하하, 글쎄 술은……"

하며, 그 손님은 금패를 들어 업었다. 금패는 그 손님에게 팔을 걸치고 매어달려 배로 가서 거기 내려서 치마를 뒤집어쓰고 드러누웠다. 손님은 친절히 방석을 말아서 베개를 삼으라고 금패의 머리에 괴어 주고 술추렴하는 데로 돌아갔다.

금패의 뒷목에서는 핏줄이 뛰노느라고 머리까지 들썩거렸다. 그의 눈에서는 눈물이 하염없이 흘렀다. 그것은 다만 술 때문이 아니었다. 잠깐 그림자를 감추었던 온갖 슬픔이 미친 바람과 같이 그의 마음속에 떠올랐다. 뿐만 아니라, 그 슬픔은 다른 때와 달라서 어망처망하게 크게 된 대규모의 슬픔이었다. 그리고 한 가지씩 순서 있게 나오는 슬픔이 아니고, 여러 십 가지 슬픔이 함께 얽힌 범벅의 슬픔이었다.

게다가 그 가운데는 '살림살이'라 하는 어떤 '걱정'에 가까운 무엇까지 숨어 있었다.

14

이튿날, 어떤 뱃놀이에 불리어 나갔던 금패는 돌아오는 길에 끔찍하고 무서운 일을 보았다. 그들의 배가 모란봉 아래까지 갔다가 청류벽 기슭으로 붙어서 내려오는 때였다. 배가 '정위 정관조'라고 크게 새긴 아래를 지나갈 때에 갑자기 무엇이 철썩 하는 소리를 들었다. 배에 탔던 모든 사람은 일제히 머리를 소리 나는 편으로 향하였다. 거기는 바위 위에 깜깜하니 높이 보이는 청류벽 위에서 떨어진 듯한 열서넛 난 계집애 하나가 약간 다리를 움직이며 고꾸라져 있었다. 배에 탔던 사람들은 모두 일어섰다. 그러나 언덕에 왁하니 모여드는 사람의 떼 때문에 계집애는 가리어서 보이지 않게 되었다. 다만, 지금 방금 죽느니, 골이 짜개져 헤어졌느니, 입으로 피를 쏟았느니 하는 이야기만 들렸다. 순사도 달려왔다.

"누군지 아는 사람 없소?"

하는 순사의 소리가 들렸다.

"에 끔찍해. 내려가세."

손님이 배를 재촉하였다.

금패는 몸을 떨고 돌아서면서 월선에게 말을 붙였다.

"아이구, 끔찍해라."

"오늘 밤 눈에 버레서 잠을 어디케 자나."

"아까워라, 저 앤 아무것두 모르구 죽었갔디?"

"알긴? 도무지 열서넛에 난 것이⋯⋯기애 부모가 알면 죽갔대갔구나."

금패는 한숨을 쉬고 앉았다. 월선의 '아무것두 모른다'는 것은 성을 뜻함이었다. 그러나 금패의 '아무것두 모른다'는 것은 결코 그런 뜻에서 나온 것이 아니었다. 금패의 뜻의 한 가지는, 그 애는 아직 아무 슬픔이며 두려움을 모르고 죽었다 하는 것이었었다. 그러나 그보다도 더 마음 속에 깊이 들이박힌 것은, 그 애는 한순간 전에도 제가 죽을 것을 몰랐겠다, 하는 것이었었다.

그날 밤 집에 돌아와서도 금패는 한잠을 이루지 못하였다.

아까 그 계집애의 죽음에서 시작된 그의 머리는 몇 해 전 자기에게 쫓겨나서 길가에서 얼어 죽은 A며, 자기와 친하던 기생 몇의 죽음——더욱 (무엇에 만족치 못하였는지, 그 당시에 한창 말썽이 많았던) '네코이라즈(쥐약)'를 먹고 죽은 화선의 죽음이며, 또는 자기를 친누이와 같이 사랑하여 주던 O라는 손님의 죽음이며, 술좌석에서 갑자기 뇌일혈로 고꾸라진 N이라는 손님의 죽음들을 순서없이 생각하였다. 그리고 그는 한숨을 쉬었다.——죽는 것은 무섭지 않다. 그러나 그것을 생각하며 계획하고 실행하는 것이 무서운 일이라고⋯⋯.

이리하여 그의 머리에는 '죽음'이란 문제가 성장하기 비롯하였다.

15

마지막 명절날, 아우의 조름에 못 견디어서 금패는 기자묘에 오르기로 작정하였다. 아우에게 몇 번을 채근받으며 겨우 차리고 나선 때는 오후 두 시쯤이었다. 큰 거리는 차리고 나선 아낙네로 찼다.

아침에는 그리 마음이 없었던 금패도 이 큰길에 빽빽이 다니는 아낙네들을 보며, 약간 분홍빛을 띤 흰구름이 빠질 듯이 움직이지 않고 떠 있는 하늘과 거기 날아다니는 잠자리와 제비를 보며, 아까 거울에 비치었던 제 이쁜 그림자를 생각할 때에 차차 마음이 흥성스러워지기 시작하였다.

그들은 그 때 갓 닦아 놓은 신작로로 겹겹이 쌓인 먼지와 아낙네들 틈을 꿰며 칠성문 밖으로 빠져서 기자묘에 이르렀다. 그 넓은 기자묘의 무성한 소나무도 먼지와 흐늘거리는 사람의 범벅에 눌려서 없는 듯하였다.

"형애야, 데 사람 봐라."

"구데기 겉구나."

금패는 가볍게 대답하면서 길에서 벗어나서 초뚝에 내려섰다.

"어디루 가자니, 금주야."

"형애 너 가구픈 데 가자꾼, 가만 데게 영월이 성 있나 부다. 거게 가자꾼."

금패는 아우의 손가락질하는 데로 머리를 천천히 돌렸다. 거기는 영월이라 누구라 기생이 대여섯 명 그넷줄 아래 둘러서 있고, 한 쌍으로 올라서 쌍그네를 뛴다. 금패는 말없이 아우와 그리로 갔다.

"금패 오누나. 너 겉은 학자님두 이른 데 댕기니? 글쎄 오늘은 해가 서에서 뜨더라."

재잘거리기 좋아하는 영월이는 금패를 보는 순간 벌써 이야기를 시작하였다.

　"금주가 너무 오자기에 왔습네."

　"좌우간 온 김에 그네나 한번 뛰렴."

　"곤해서 좀 쉐서 뛰갔다."

하며, 금패는 소나무 그루에 덜썩 걸터앉았다. 이즈음 충분히 자지 못하고 맛있게 먹지 못하고 걱정으로 날을 보내어 몸이 무한 약하여진 금패는 그리 그네를 뛸 생각도 없어서 그 자리에 앉아서 그넷줄을 바라보았다. 뒤로 거반 땅과 평행으로까지 올랐다가는 '쉬――' 하는 소리와 함께 너울너울 그넷줄 위의 계집애는 나비와 같이 펄떡이며 앞으로 솟아오르며, 그럴 때마다 소나무는 그루까지 부러질 듯 흔들린다. 만약 그 가지가 한번 부러만 지는 지경이면 그넷줄 위에서 즐기던 그 계집애는 당장에 송장으로 변할 것이었다.

　이것을 보는 때에 금패는 어저께 청류벽 위에서 떨어져 죽은 계집애를 생각하였다. 주마등 같다, 이슬과 같다, 화살과 같다, 흐르는 물과 같다, 또는 봄 꿈과 같다. 예부터 '인생'이란 것을 평한 여러 가지의 경구가 있었지만, 그 백만의 경구가 과연 어제 그 한순간의 '사실'을 나타낼 수 있을까. 한순간 전에 청류벽 위에서 꽃을 따느라고 돌아다니며 즐기던 계집애(그에게도 내일 입을 옷이며 먹을 음식이 있었을 테다. 내일 학교에 가면 어제 공연히 결석하였다고 선생에게 꾸지람 들을 걱정도 가졌을 테다. 또는 남이 헤아리지 못할 아름다운 꿈과 같은 바람도 있었을 테다)가, 한순간 뒤에는 벌써 청류벽 아래 송장이 되어 누워 있었다. 혹은 아직까지 그 계집애의 어머니는 자기 딸의 죽음을 모르고 가벼운 여름옷을 짓고 있는지도 모를 테지. 엄한 아버지가 자기 딸의 돌아옴의 늦음을 성내어, 들어오면 꾸짖으려고 기다리고 있는지도 모를 테지. 누이가 돌아오기 전에 어서 다 먹으려고 과자에 덤비어드는 어린 오라비가 있을지도 모를 일이다. 그러나 그 계집애는 지금 어디서 무엇을 생각하고 있노.

"형애, 너 한번 뛰라."

금주가 헐떡거리며 한 손은 그넷줄을 쥔 채로 형에게 고함쳤다. 금패는 펄떡 정신을 차리고 무의식중 그넷줄로 가서 올라섰다. 팔과 다리가 떨렸다.

금주는 그넷줄을 뒤로 바싹 끌고 갔다가 앞으로 내어쏘았다. 금패는 발을 굴렀다. 그네는 차차 높이 올랐다. 모든 사람들을 눈 아래 굽어보면서 금패는 더욱 궁그렸다.

"쉬!"

그네는 구름까지 올라가듯 솟았다. 서늘한 바람이 이마와 콧등과 귀를 스치고 뒤로 달아났다. 먼지와 소나무 위를 넘어서 을밀대의 지붕도 보이게 되었다.

이 때에 우정인지 혹은 저절로인지(금패 자신도 똑똑히 몰랐으나) 오른편 손아귀의 힘이 조금 풀리는 것을 그는 깨달았다. 그 다음 순간, 그는 그넷줄에서 땅 위에 철썩하니 떨어졌다.

16

이리하여 대기 가운데 떠돌던 조그만 티끌 하나는, 눈을 겨우 뜰 때 자기의 사위(주위)의 너무 크고 너름에 놀라서 소리도 못 내고 도로 그 자리에 쓰러졌다.

작품 알아보기
(단편 문학)

김동인은 서구의 문예 사조가 한꺼번에 유입된 시기에 문학 활동을 시작해서 자연주의, 탐미주의, 낭만주의, 민족주의 등 다채로운 문학 경향을 보였다.

〈발가락이 닮았다〉는 김동인의 중기 작품으로 1932년에 발표되었다. 불가능한 현실을 가능한 것으로 만들고자 하는 주인공의 허위의식이 애처로운 정도로 묘사되었다.

〈김연실전〉은 자연주의 경향의 작품으로 신여성의 허상을 낱낱이 드러내 보이고 있다. 가족 제도에 얽힌 처첩의 문제, 반상계급의 이동, 적서의 문제 등을 통한 조선 말기 사회의 모습도 보여 주고 있다. 또한 초기 동경 유학생들의 무절제한 연애생활, 초기의 조선문단 등이 사실적으로 그려지면서 풍자되고 있다.

〈광염 소나타〉는 탐미주의 계열의 작품으로, 예술가의 기벽과 천재상을 통해 인간의 내면에 자리잡은 파괴 본능을 드러내고 있다.

〈눈을 겨우 뜰 때〉는 주인공이 자신의 비극적인 삶을 예감하고 절망을 느낄 때 사고로 목숨을 잃는다는 내용으로, 진실한 삶이란 무엇일까를 생각하게 한다.

논술 길잡이
(단편 문학)

❶ 아래 그림은 〈발가락이 닮았다〉의 맨 마지막 장면이다. 애써 자기 자식임을 주장하는 주인공의 노력이 애처롭기까지 한데, 작가는 이 작품을 통하여 무엇을 전달하고자 했을까에 대해 생각해 보고 쓰라.

....

....

....

....

....

논술 길잡이
(단편 문학)

❷ 〈김연실전〉에서는 주인공 김연실이 성적으로 눈을 떠가는 과정에서 비정상인 면이 많다. 구체적으로 어떠한 점이 그랬는지를 얘기해 보자.

....

....

....

....

....

❸ 〈광염 소나타〉에서 K선생은 인간과 사회는 예술을 위해 짓밟혀도 좋다는 주장을 한다. 이러한 주장에 대해 어떻게 생각하는지 자신의 의견을 말해 보자.

....

....

....

....

....

....

논·술·한·국·대·표·문·학 〈전60권〉

펴 낸 이   정재상
펴 낸 곳   훈민출판사
주   소   경기도 고양시 덕양구 원당동 416번지
대 표 전 화   (031)962-3888
팩   스   (031)962-9998
출 판 등 록   제395-2003-000042호